インクルーシブな保育

多様性を認め合い、みんなが伸びるクラスづくり

酒井幸子・守 巧／著

チャイルド本社

あなたのクラスで
こんな子どもはいませんか──？

――そんな、支援を必要とする子を含めた

クラスの子どもたちが

みんなで育ち合う集団づくりを目指す…

――どの子も生きやすく、

過ごしやすくなる方法を模索し、

子どものよいところを伸ばす保育を考えてみましょう――

はじめに

ずっとずっと昔、新規採用の頃。不思議だなあと思う子どもに度々出会いました。園庭で一人クルクル回っている子、話を聞く場面でずっとしゃべっている子、一方で、ひと言も話さない子……。それから時がたち、「障害者の権利に関する条約」の批准や「障害者差別解消法」の施行など、インクルーシブな保育・教育を進めていこう、ダイバーシティ（多様性）を尊重しようという機運が、今、社会全般に高まっています。

保育の現場ではまだまだ子どもたちを目の前にして“困った！”と感じている人は多いことでしょう。あの子はなにに困っているのか？　なににつまずいているのか？　想像力を働かせて考えてみると、思いがけない気づきがあるものです。その気づきがその子への指導や保育の手だてにつながっていくのです。

本書には日々の保育に役立つヒントがいっぱいです。このヒントをもとに、目の前の子どものためにあなた自身が考え、工夫してみましょう。子どもたちの“生きづらさ”を少しでも解消し、誰もが居心地のよい園生活を送れるよう、インクルーシブな保育の実現を目ざしてまいりましょう。

――――――武蔵野短期大学 幼児教育学科　客員教授　**酒井幸子**

近年、発達障害がある子どもを含む「気になる子」が増えてきています。今日の保育者は、「なんとかトラブルを減らしたい」「活動に入ってもらいたい」「担任（担当）のわたしがなんとかしなきゃ……」という思いを抱きながら、日々気になる子と向き合っています。担任としての責任感から生じている気持ちなので、それらは一概に否定されるものではありません。

しかし、もし“あの手この手”を使っても手応えを感じないのであれば、それは保育を見直すタイミングなのです。ぜひ、本書を読んで子どもの実態をつかみ、“集団を意識した個別対応”を学んで、気になる子のあたたかく心強いサポーターになってください。

ただし、本書は、あえて“薄味”にしてあります。どの保育者にもそれぞれ自分の“持ち味”があるからです。さらに、上質で美味にするためには、これまでの経験から得た“味”を足したり、時には独自の“隠し味”を加えたりしてください。本書を読むことで、あなただけの、あなたしか出せない“持ち味”を作り、子どもたちに味わってもらってください。

――――――こども教育宝仙大学 こども教育学部　准教授　**守 巧**

もくじ

2章 事例でみる インクルーシブな保育

一斉活動時に気になる子

対人関係が気になる子

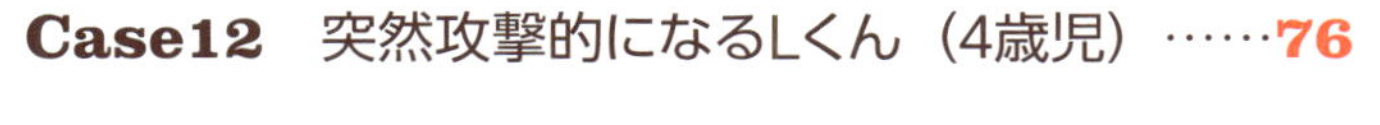

食事シーンで気になる子

その他の場面で気になる子

3章　インクルーシブなクラス運営

❶ みんなが育ち合うクラスづくり

現在の発達障害の診断基準はＤＳＭ－５が最新ですが、本書では保育の現場でよく使われている従来の診断名を使用しています。

本書の特長

本書では、園生活のなかで“気になる”子どもが抱えている
困難の背景や原因を考える他、インクルーシブな対応法、
指導のヒントなどをわかりやすく紹介しています。

1 支援を必要とする子を含めたクラス作りのヒントがいっぱい！

クラスにいる気になる子、サポートが必要な子がどのような場面でつまずき、背景にはどのようなことが考えられるのかをていねいに解説しています。集団のなかで、担任保育者がどのようなサポートをすることで、子どもが過ごしやすくなるのかを、さまざまな角度からいっしょに考えてみましょう。

2 実際のケース事例だから、対応例が具体的！

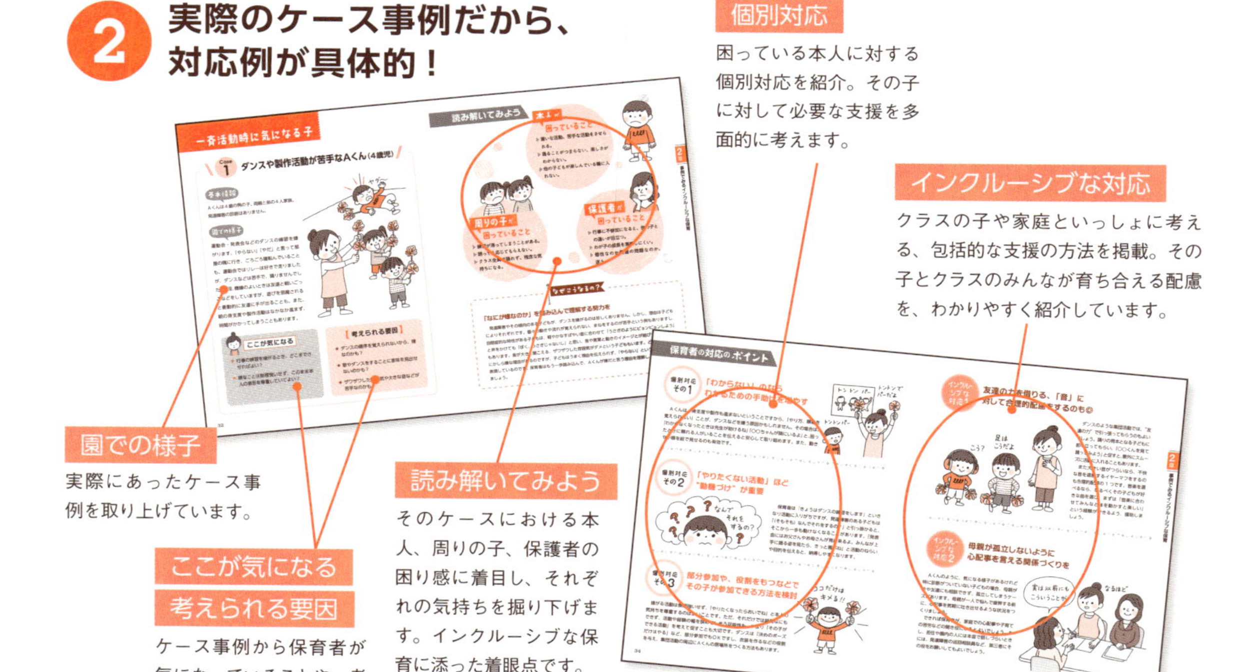

個別対応

困っている本人に対する個別対応を紹介。その子に対して必要な支援を多面的に考えます。

インクルーシブな対応

クラスの子や家庭といっしょに考える、包括的な支援の方法を掲載。その子とクラスのみんなが育ち合える配慮を、わかりやすく紹介しています。

園での様子

実際にあったケース事例を取り上げています。

読み解いてみよう

そのケースにおける本人、周りの子、保護者の困り感に着目し、それぞれの気持ちを掘り下げます。インクルーシブな保育に添った着眼点です。

ここが気になる
考えられる要因

ケース事例から保育者が気になっていることや、考えられる要因を探ります。

1章

インクルーシブな保育とは？

気になる子、対応の難しい子も含めた
子どもたちが育ち合うための“インクルーシブな保育”。
その基本や、気になる子の背景について
考えてみましょう。

1 インクルーシブな保育の考え方

「違い」を受け入れ、多様性を認め合える雰囲気づくり

「インクルーシブ」の考え方を理解する

インクルーシブとは「包括的な、包み込んだ」という意味です。インクルーシブな保育とは、障害のある子どもも、気になる子どもも、いわゆる健常児（定型発達児）も、みんなが同じ場所でともに遊び、ともに学び、ともに育つ――そういう保育をさします。

インクルーシブな保育が注目されるようになった背景には、社会や家庭状況の変化のなかで、障害のある子どもや、生活・学習面で困難のある子どもが増えていることがあります。2010年からは国の方針でインクルーシブ教育が推進され、国や自治体が「基礎的環境整備」を進めるとともに、学校や幼児教育施設では子どもの特性に応じた「合理的配慮」を行うことなどが示されました。目ざしているのは、全ての子どもがその子なりの能力を発揮して生きていける「共生社会」です。これからの時代は、多様な子どもたちがそれぞれの違いを受け入れ、互いを認め合える教育・保育が求められているのです。

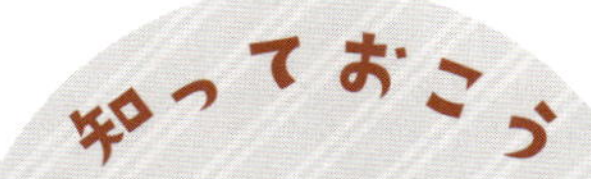

保育者として必要な“介入”をすること

インクルーシブな保育では、障害などのある子どもを在籍児として受け入れるだけではなく、保育者がその子どもの困難に気づいて必要な援助や配慮、介入をすることがとても大切です。例えば車椅子の子どもの場合、園内の段差解消も合理的配慮の１つですが、それだけでは好きな遊びや仲間との関わりを楽しむ豊かな園生活は実現しません。その子にとって「心地よい・生活しやすい・意欲がもてる」保育や保育環境を考え、育ちを応援していきましょう。

“困った子”は“困っている子”

必要な子に必要な支援を

保育者側から子ども側へ、視点の転換を

「多様な子どもたちがともに育つ」保育を考えるときに、保育者が戸惑うことが多いのが集団生活から外れてしまう子どもです。例えば、発表会などの行事が苦手でいつも練習から逃げてしまう子どもを、保育者は“困った子”と感じがちです。

しかし、そう感じるのは、保育者が「参加させよう」「集団に慣れさせよう」という保育者側の視点で見ているからかもしれません。子どもは困った状況を示すことで、実はSOSを出しています。大人数が集まったときのザワザワした雰囲気が苦手など、その子なりの理由が必ずあります。「この子が参加できるためにはなにが必要だろう」と子ども側に視点を転換し、必要な援助を考えましょう。

スモールステップでねらいを定めよう

発達障害やその傾向がある子どもは、独特の感覚をもっていることがあります。他の子にとってはなんでもないことをとても苦痛に感じることもあるのです。

発表会の練習から逃げてしまうなら、「大きな音が苦手なのかな」など理由を探りつつ、「きょうはここ（離れたところ）でいっしょにいようね」と気持ちに共感し、寄り添うところからスタートしましょう。

離れた場所で落ち着いて過ごせるようになったら、「きょうはみんなの練習を見てる?」「嫌ならすぐに出てもいいよ」と提案を。その子が安心して取り組める方法を考えながら、スモールステップで進めていくと、発表会などの集団活動に徐々に参加できるようになることもあります。その時々の子どもの気持ちや発達に応じた、きめ細かい配慮が求められます。

担任一人で抱え込まず、園全体で支援の輪を広げる

“わたしのせい”にしない、みんなの保育

発達障害やその傾向がある子どもの保育では、担任の保育者が戸惑うことが多くあります。集団活動の多い園では、発達障害がある子どもによってクラスがまとまらなかったり、活動が滞ったりする状況になりがちです。「わたしが力不足だから」と自分を責めたり、焦りを感じたりする保育者も少なくありません。個の活動が多い園でも、発達障害のある子どもは生活習慣が自立していなかったり、友達関係のトラブルを起こしたりし、担任が疲れ果ててしまうことがあります。

このような場合、「担任が一人で悩みを抱え込まない」ことがとても大切です。園長や主任、同僚保育者はもちろん、クラスの子どもたちも含めて、周りの人の手や力を借りながら保育を進めていけばよいのです。最近は自治体による巡回相談や、発達障害の研修会、専門の療育センターなども増えています。そうした外部の関係機関とも上手に連携し、支援の輪を広げていきましょう。

子どもの気になる様子に困ったときは、職員会議で「○○くんについて気づいたことがあれば教えてほしい」と提案してもよいでしょう。職員全体で見守りつつ情報交換することで、担任が気づかなかった子どものよい面や、支援の糸口がみえてくることがあります。また、子ども理解のためには巡回相談などの外部の関係機関も活用し、発達障害の知識や支援方法を得ることも重要です。

インクルーシブな保育のあり方

多くみられる保育 …障害のある子どもに加配の保育者をつけ、クラスから離して支援

障害があるなど支援が必要な子どもは、集団活動から外れてしまうことが少なくありません。そのため加配の保育者がその子につき、担任が率いるクラスと別行動になってしまうケースが多いもの。

しかし、それでは担任やクラスの仲間との関わりが限られたものになってしまい、「同じ場所でともに育つ」保育とはいえません。

インクルーシブな保育 …障害のある子どももいっしょに過ごし、育ち合う

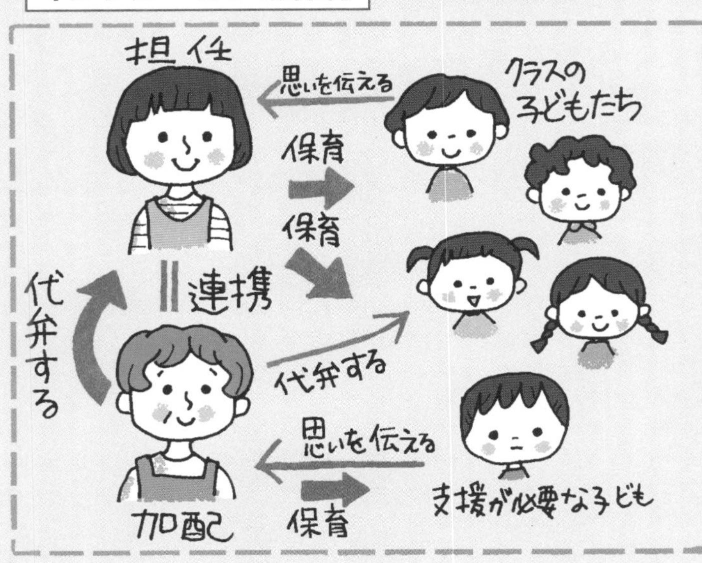

障害のある子どもも同じ場所で生活することを大切にするのがインクルーシブな保育です。

こだわりが強く一人遊びが多い子どもでも、なぜか不思議と気の合う子どもがいたり、その子の遊びに興味をもつ子どもが出てくることも。いっしょに過ごすことで子ども同士の互いの理解が進み、関係が深まって「ともに育つ」保育が実現します。

子ども同士が認め合うために、担任として意識しておきたいこと

接し方やまなざしの「モデル」としてふるまい、いっしょに考えていく

インクルーシブな保育では、個性の異なる子どもたちがお互いを認め合いながら育つ、という子ども同士の関係性が重要になります。そのとき鍵になるのが「担任が、支援の必要な子どもにどう接しているか」です。

乱暴な行動の多い子どもを「ダメ！」「やめなさい！」と叱ってばかりいると、周りの子どもたちも「あの子はダメな子」という見方になります。そうではなく、「Aくんは言葉で言うのが苦手だけど、今、気持ちを伝えようとがんばっているところだよ」と説明すると、“大切な仲間の一人なんだ”という思いが伝わります。

担任にも理解できない言動はわかったふりをせず、「先生も困っている」と包み隠さず他の子に話せばOK。「Aくんが◯◯するのはどうしてかな。Bちゃんはどう思う？」と子どもに相談すると、いっしょに対応策を考えてくれることも。そんな温かいまなざしを、クラス全体に育てていきましょう。

知っておこう

お互いをけん制し合う雰囲気には注意

子ども同士で「○○くんがバカと言った」などと、他の子どものいけないことをアピールし合うことがあります。そういう雰囲気では、友達から責められる場面が増えるため、気になる子どもが量産されるので要注意。また訴える子どもも、他の子のだめなところを言えば担任が相手をしてくれると思っている、“気にしなければならない子ども”といえます。「教えてくれてありがとう。○○くんは（いけないことを）わかっていると思うよ」と伝え、訴えてきた子自身がなにに困っているのかを探るように努めましょう。

他の子からの「ずるい」をどうする?

クラスの子どもたちは片づけを始めているのに、発達障害のある子だけはずっと砂場で遊んでいるなど、周りとテンポがずれたり、違う行動になることがあります。そういうときに、他の子どもから「Dくんだけずるい」といった反応が出る場合もあるでしょう。加配の保育者や担任が手厚く関わる様子を見て、「ずるい」と感じているのです。

これは、実は「ぼくもあの子のように対応して」という子どもからのサインなのです。「Dくんはいいの」「人のことはいいから自分のことをしましょう」とごまかすのでなく、訴えてきた子どもとしっかり向き合いましょう。

「やってみる?」と促す

片づけの時間なのに砂場で手のひらから砂を落として遊んでいる子どもを「ずるい」と言うようなケースでは、「(同じことを)やってみる?」と誘ってみてもよいでしょう。実際に同じことをすると、子どもは「こんなことか」と納得し、もとの活動に戻っていきます。加配の保育者と2人で遊ぶなどの体験をすると、ほとんどの子どもは気が済みます。

その子自身を理解する

自分の好きな遊びを十分に楽しめていない、自分の気持ちを受け止めてもらえていない、そんな子どもの満たされない思いが、「ずるい」という訴えになることもあります。特に、普段は手のかからない子どもから、そういう意外な言葉が出てきたときは要注意。「この子のことをもっと見てあげなければいけなかった」と反省が必要です。

“気になる子”への インクルーシブな保育のアプローチ

個別対応

「その子理解」をベースに その子に合った対応を

気になる子どもに対応するときも、その子がどんな遊びが好きで、どんなことに興味があるのかという「その子理解」が、全ての基礎になります。

保育者にとって困ったことや不思議に思える行動も、時間をとって同じ遊びや動作をいっしょにしてみると、その子の世界観が少し理解でき、対応の手がかりがみえてくることがあります。また、なにが苦手でなにに安心できるのか、どういう伝え方をすれば理解しやすいのかなども、子どもによって一人ひとり異なります。従来の保育方法にとらわれずに、いろいろな方法を試しながら、その子に合った対応・保育を探っていきましょう。

インクルーシブな対応

子どもたちの育ちに よい結果をもたらすために

インクルーシブな保育を実践するためには、クラスの子ども同士、家庭、園の職員、療育センターなどの専門家といった、周囲の人たちと積極的につながっていきましょう。クラスや保育者同士の話し合いでは、気になる子について「こんな遊びが好き」「こうしたらうまくいくかも」と日頃から情報交換を。話し合うことで悩みも解消されますし、保育も向上します。療育センターに通う子どもなら、担任が施設を訪ね、園とは違う子どもの姿を見せてもらうのも有意義です。もちろん家庭との連携や、保護者支援も不可欠です。「みんなで子どもを育てる」という気持ちで、支援の輪を広げましょう。

物的環境構成

気になる子が安心して生活できるように、保育室をはじめとした環境構成にも十分に配慮しましょう。登園後の身支度がなかなかできない場合も、保育室の中の気が散る要素を整理すると、やるべきことに集中できるようになることも。またマークや写真など視覚的な情報を活用すると、気になる子にも理解しやすくなります。

動きの大きな遊びは出入口から見えにくい位置に

身支度の途中で気が散らないように、大型積み木などの子どもの興味を引くダイナミックな遊具は、入口から離れた位置に配置。

入口から見えるところには静かな遊びのコーナーを

保育室に入ってすぐ遊びに気をとられないように、目につく位置には、絵本やままごとなどの静かな遊びのコーナーを。

カーテンなどを設置

保育者が話をするときは、後ろにカーテンなどを引いて、掲示物や装飾を隠せるようにしておきましょう。

パーティション

背の低いパーティションでも空間を区切る効果は大。「静」と「動」のスペースの区切りにも。

一人になれるスペースを

部屋の隅や、家具を利用して一人になれる場所を確保。壁に向かって絵本を読むなど、視覚・聴覚の刺激を遮るスペースが効果的。

朝の身支度ルートをシンプルに

ロッカーに荷物を置く、登園シールを貼る、タオルを掛ける、着替えをするなど、朝の身支度が1つのエリア内でできればスムーズ。降園時も同様です。

入口を制限する

廊下から保育室への出入口はできれば1か所に。個人の荷物を置くロッカーに近い出入口がベスト。

ドアにお気に入りのマークを

トイレの個室の扉には動物や車など、子どもの好きなマークを。トイレに親しみがもて、入る個室を指示するときにも使えます。

トイレットペーパーの長さがわかるように

トイレットペーパーを引き出して遊ぶのを防ぐためには、きりんの絵などを壁に貼り、「きりんさんの首の長さで切ろう」と伝えるのもよい方法。

“その子理解”のために、保育者ができることとは…？

レッテルを貼らない

「困った子」目線では問題の本質を見逃してしまう

いつも給食をこぼすEちゃんは「集中力がない、不器用」、机をガタガタさせたり、他の子どもの製作に手を出したりするFくんは「落ち着きがない、周囲とトラブルが多い」──保育者はそういう目で気になる子を見てしまいがちです。しかし、そうした“レッテル貼り”をすると逆に子どものことや問題の本質が見えなくなります。給食をこぼすのは机の高さが問題かもしれませんし、友達とのトラブルも、机の配置や作業の順序を見直すことでなくせる場合もあります。「困った子」と思う前に、環境や保育をもう一度吟味し、子どもに合わせて修正しましょう。

“よいところ探し”をする

他者から認められる経験は子どもを伸ばす！

担任から見て問題行動と思えることが多いと、その子どもの「悪いところ、気になるところ」ばかりが目についてしまうものです。ぜひ意識してその子の「よいところ探し」をして、よい面を具体的にほめましょう。

帰りの会などで、その日に気づいた友達のよいところを発表する活動をしている園もありますが、友達の前で認められる経験は、どの子にも自信が育ちます。ほめる内容は、当たり前と思えることでもよいのです。「(いつも立ち歩いてしまうのに) 座っていられたね」「(手が出そうなところを) よく我慢できたね」と、言葉にして伝えていきましょう。

子どもの主体性を信じる

子どもはみんな成長しようとしている！

子どもは誰でも興味・関心のあるものに主体的に関わり、伸びていこうという力をもっています。それは障害のある子どもや気になる子どももまったく同じです。

例えば身体に障害があり、歩くことができない子どもでも、本当にやりたい遊びがあるときは、はってでもそこへ向かおうとするものです。ですから、その子の興味・関心のある遊びを十分にできる環境を用意することが、なにより大切です。さらに、その子のペースを尊重してもらえるあたたかい雰囲気、子どもの主体性を信じて手を貸しすぎずに見守る姿勢なども、大切な支援の１つといえます。

ねらいと方法を意識する

その子に合ったねらいと方法は必ずある！

気になる子は興味に偏りがあったり、苦手なこと、できないことがあったりするケースが多いものです。しかし「好きなことだけをしていればよい」としてしまうと、遊びや体験の幅を狭めてしまいます。苦手な活動でも幼児期に経験してほしいことは、その子に合った方法で取り組めるよう促しましょう。

そのときに大切なのは、活動のねらいと方法です。「他の子と同じようにできること」にこだわる必要はありません。「部分的に参加する」「苦手なことに取り組む」など、その子の個性や発達に合った適切なねらいと方法をよく検討し、必要な支援を考えてみてください。

POINT

ねらいと方法を考えるとき、経験の少ない保育者は目標を高くしすぎたり、逆に妥協の産物になってしまったりすることがあります。主任や他の保育者とも相談して、子どもの育ちの全体的な視点から検討しましょう。

2 配慮の必要な子の特性

発達障害 ADHD（注意欠陥／多動性障害）

ＡＤＨＤの特徴は、「不注意（年齢に不釣り合いな注意力）」「多動性」「衝動性」の３つです。「不注意」では気が散りやすい、忘れやすい、物をなくす、「多動性」ではじっとしていられない、話し続ける、「衝動性」ではすぐカッとする、突発的な行動をとる、などの姿がみられます。

活発な半面、対人的なトラブルが絶えないのもＡＤＨＤの特性です。家庭でも集団生活でも失敗経験が多くなりがちで、被害的な感情をもったり、集団行動を避けたりすることもあります。

ADHDの行動特性

＜不注意＞

- 物をなくしやすい
- 整理整頓が苦手

＜多動性＞

- じっとしていられない
- 待つことが苦手

＜衝動性＞

- 感情のブレーキが利かない
- すぐカッとなってしまう

ADHDの子どもの困難

● 生活面の遅れ

途中で注意がそれたり、忘れてしまったりするため、衣服の着脱などの簡単で日常的な生活習慣も身につきにくいことがあります。物を整理するのも苦手で、ロッカーや道具箱の中も乱雑になりがちです。

● 友達関係のつまずき

感情や行動のコントロールが利きにくく、すぐ手や足が出る、暴言を吐くなどして友達関係のトラブルが多発します。トラブルが多いため、友達から避けられるケースもあります。

● 自尊感情が育まれにくい

叱られる、注意される、友達に避けられるなどの失敗体験が多いと自尊感情が育ちにくくなります。「どうせ怒られる」「自分はダメだ」という感情が、さらに気になる言動を引き起こすこともあります。

保育者ができる主な配慮

● 注意を引きつけ、個別にわかりやすく指示

ＡＤＨＤのある子どもは注意がそれやすく、クラス全体に向けて指示をするだけではその子には伝わりにくいもの。全体に話をしたあとにも、名前を呼んで注意を保育者に引きつけてから、「次になにをするかわかるかな？」などと確認をしましょう。また、保育者の背後に見える壁面装飾や窓の外の景色などに気をとられ、指示が頭に入らないこともあります。保育室の環境構成を整えるのも有効です（19 ページ参照）。

● 少しずつ行動を修正し、できたらほめる

座って話を聞くシーンで立ち歩いてしまう、衝動的にカッとして、友達に手が出てしまう、こうした行動は脳の気質的な問題からきているので、子どもが自分の力で修正することは難しいものです。最初は「5 分座っている」でもよいのです。スモールステップで少しでもできたらほめましょう。乱暴な行動も、他にどうすればよいかをわかりやすく伝え、行動を修正できるよう支援します。

発達障害 自閉症スペクトラム障害

自閉症スペクトラム障害とは、言葉や知能の遅れを伴う重い自閉症から、言葉や知能の遅れはない高機能自閉症（アスペルガー症候群）までを、連続的に連なる（スペクトラム）状態であるとして、１つにまとめて表した名称です。

自閉症スペクトラム障害の特徴として、「社会的コミュニケーションの障害」と「常同的な行動」が挙げられます。具体的には、相手の表情から感情を読み取れない、共感性が乏しい、会話がかみ合わない、特定の物や場所へのこだわりが強い、その場でぐるぐる回る、などがあります。聴覚や触覚などに「感覚過敏・感覚鈍麻」（27ページ参照）がある子どもも多くいます。

自閉症スペクトラム障害の行動特性

<社会的コミュニケーションの障害>

- 人の表情や気持ちが読めない
- 比喩や皮肉がわからない

<常同的な行動>

- 興味の幅が狭い
- パターン化された物を好む

<感覚過敏・感覚鈍麻>

- 音や刺激に敏感
- 痛みを感じにくい

自閉症スペクトラム障害の子どもの困難

● 新しい環境になじめない

慣れ親しんだ物や人、環境などにこだわりがあり、新しい環境や活動に対して強い不安を示すことがよくあります。入園当初は靴を上履きに履き替える、帽子を脱ぐなどが難しいケースも。

● 偏食や排泄などの自立の遅れ

“過去に食べたことがない物を食べない”“口の中の感覚過敏により、白いごはんしか食べられない”など極端な偏食になる例も。また、オムツが外れなかったり、特定のトイレでしか排尿できなかったりするなど、排泄の自立が遅れることもあります。

● 親しい友達ができにくい

４～５歳になっても友達に対して興味を示すことが少なく、ずっと一人遊びを続ける子どももいます。また相手がどう思うかを想像できず、思ったままに「デブ」など傷つく言葉を発することもあります。

保育者ができる主な配慮

● 相手の気持ちを言葉にして伝える

自閉症スペクトラム障害のある子どもは、人の表情から感情を読み取るのが苦手です。また比喩や暗黙のルールなども理解しにくいので、場違いなことを言ったり、悪気はないのに相手を傷つけ、泣かせてしまったりします。そういうときには保育者は「〇〇ちゃんが泣いているね。これが悲しいという気持ちだよ」と、子どもが相手の気持ちに気づき、理解するのを助ける言葉かけをしていきましょう。

● 独特の感覚などを理解する

聴覚過敏があると、パトカーのサイレン、運動会のピストル音、スピーカーの音などを耐え難く感じ、逃げ出してしまうことも。また触覚過敏があると、ヌルヌル（絵の具や泥遊び）、ベタベタ（のりなど）といった感覚が嫌で、遊びや活動に取り組めないこともあります。このような独特の感覚があることを理解して、その子どもにとって負担の少ない活動の進め方を考えてみてください。

発達障害 LD（学習障害）

知的な遅れはないにも関わらず、「聞く」「話す」「読む」「書く」「計算する」「推論する」などのいくつかの分野において、習得に著しい困難がある状態です。一般には就学後に教科の学習が始まると困難さが目立ってくることがほとんどですが、時に幼児期にも、その傾向がみられるケースも。例えば、年長児でも数を５くらいまでしか数えられない、耳から音で聞くだけでは話を理解できない、などです。「わかるふり」「できるふり」をして過ごしている子どももいるので、さりげなく話の内容を確認するなどして、注意深く見守る必要があります。

LDの特性

- 文字や数字を覚えられない
- 話を聞いただけでは理解できない
- 文字を正しく書けない
- 数や順番がわからない

LDの子どもの困難

● 友達との違いに戸惑いを覚えることも

知的な遅れはないため、幼いときには園生活で特に困ることはありません。けれども４歳、５歳と年齢が上がってくると、お店やさんごっこなどで看板の文字や値札を書く、数を数えるといった活動が増え、他の子どもとの違いに戸惑いを覚えるシーンが少しずつ出てきます。話を聞いて理解できない子どもは、周りの子どものすることを見てから動き始める、といった姿がみられることも。

保育者ができる主な配慮

● 援助の工夫をし、就学につなげる

口頭で言うだけでは理解が難しそうなときは、「クレヨンを持ってこよう」と実際にクレヨンを見せながら言うなど、視覚情報で補う方法もあります。文字や数字の読み書きは、就学前の段階ではできる範囲で行います。無理強いは逆に苦手意識をつくってしまいます。また、保育者が気づいたことを就学時に小学校に引き継ぎ、適切な支援へとつなげましょう。

発達障害のある子にみられる特性

発達障害の種類に関わらず、発達障害のある子には共通してみられる特性があります。「運動障害」「感覚過敏・感覚鈍麻」について紹介します。

運動障害

正確には、発達性協調運動障害といいます。目と手、手と足などを関連づけていっしょに動かすことが協調運動です。

発達性協調運動障害があると、手を使った作業（はさみや箸、折り紙、着替えなど）や、目と手を動かすキャッチボールなどの協調運動が難しく、「年齢に見合わない極端な不器用さ」として表れます。他にも自分の手足の位置などがつかめておらず、物や人にぶつかる、よく転ぶといった様子もみられます。

感覚過敏・感覚鈍麻

発達障害のある子には、特定の音や匂い、触覚などに耐え難いほどの苦痛を感じる「感覚過敏」があることは、前にも述べたとおりです（24～25ページ）。またこの反対の「感覚鈍麻」を抱える子どももいます。感覚鈍麻の子どもは痛みなどの感じ方が鈍く、汚れたり濡れたりしても気づかない、けがをしても訴えない、といったことがあります。また粗雑な行動や、指しゃぶり、爪がみなどの自己刺激行動が表れることもあります。

外国にルーツをもつ子

近年、支援が必要な子どもとして増えているのが、外国にルーツをもつ子どもや帰国子女です。欧米企業の転勤などで一時的に日本に滞在している家庭の他、中国や韓国、タイ、ベトナム、インドといったアジア各国から移り住んでくる家庭も増えています。子ども自身は園生活には比較的早く慣れ、日本語にもなじみ始めます。一方で保護者が日本語の修得に時間がかかったり、時に文化の違いから行き違いが生じたりなど、課題があることも事実です。また保育者と保護者、さらに保護者同士のコミュニケーションの難しさも課題になっています。

外国にルーツをもつ子どもや家庭の困難

● 言葉の理解の困難

一般に外国にルーツがあるなどの子どもでも、入園してしばらくすると日常生活には困らないくらい日本語が上達します。しかし、なかには言葉をなかなか覚えられず、コミュニケーションがとりづらい子どももみられます。また言葉の問題なのか発達の遅れなのか、判断が難しいケースもあります。

● 保護者との意思疎通が困難

外国にルーツのある家庭の保護者は日本語が話せないケースも多く、言葉の壁が生じがちです。持ち物などの伝達はイラストや実物を見せるなどでも乗り切れますが、子どものいきいきした姿を伝えたい、子ども同士のけんかの経緯を説明したいなど、複雑な話になると情報のやり取りが困難になりがちです。

保育者ができる主な配慮

● 子どもの母国や文化を紹介

クラスの子どもに、在籍児の母国を紹介しましょう。外国の挨拶、遊び、食べ物、国旗などを掲示する園もあります。外国人の保護者に来園してもらい、伝統的な遊びや食べ物を教えてもらう園も。それぞれの国を知ることが、互いへの興味や親しみにつながります。

● ITを活用したコミュニケーション

言葉による意思疎通が難しいときは、スマートフォンの翻訳アプリなどを活用するのも一案。最近は、看板などの写真を撮るとそこに書かれた文字を翻訳してくれるといった便利なアプリも出ています。また日頃の子どもの様子も、動画に撮って保護者に見せると、一目瞭然で伝わります。

不適切な養育環境

発達障害ではないのに、子どもに落ち着きがない、過度に攻撃的、不安が強いといった“気になる”様子が表れることがあります。その背景にあるのが「不適切な養育環境」です。つまり、親子の間で良好な愛着関係が築けず、その結果、子どもの心身の発達に影響が及んでいるケースです。不適切な養育環境の典型的な例としては、保護者による虐待（身体的・精神的・性的虐待、ネグレクトなど）や、保護者自身に精神疾患（うつ病や統合失調症など）がある、などが挙げられます。

不適切な養育環境の子どもの困難

● 自信がなく、情緒が不安定

保護者との愛着関係が弱く、愛情欲求が満たされていない子どもは周囲に対して恐れが強くなり、慣れない人や物に強い不安を感じたり、周囲に対して過敏に反応したりします。また、自分に注目を集めるためにわざと落ち着きのない行動をとる、問題行動を繰り返すといった姿が表れることもあります。

● 生活面などの経験不足

不適切な養育環境によって生活経験が乏しくなることがあります。一方で「砂場は不衛生なので砂遊びをさせたことがない」といった極端な過保護による経験不足の子どもも増えています。経験が乏しいことで生活の自立が遅れる、遊びの幅が狭くなる、運動機能が育ちにくいなど、全般的な発達に影響が及びます。

保育者ができる主な配慮

● 園内外で保護者支援を

こうしたケースは、適切な保護者支援を行わなければ問題は解決しません。担任だけでの対応は難しいので園長や主任らと協力して家庭環境、家族関係などの背景を探りながら、支援策を考えます。保護者自身の発達障害や精神疾患が疑われるときは、専門家や関係機関への相談も必要です。

● 安心と経験を与える

保護者との愛着関係が不確かな子どもには、せめて園にいる間は安心して家庭的に過ごせるよう、受容的に関わりましょう。子どもが「先生は自分を受け止めてくれる」とわかると情緒が安定し、問題行動も目立たなくなることがあります。そのうえで遊びや生活の経験を少しずつ広げていきます。

あたたかい援助のポイント

【診断名にとらわれない支援を】

自治体の巡回相談などで各園を訪れると、「気になる子」への対応として、保護者に医療機関を受診して発達障害の診断をもらうよう促してほしい、といった保育者の声を聞くことがあります。しかし、発達障害の診断名がつけば、問題が全て解決するわけではありません。

発達障害は、ADHDと自閉症スペクトラム障害など、いくつかの種類を併せもっているケースが多くあります。さらに同じADHDという診断の子どもでも、衝動性が目立つ子どももいれば、不注意が顕著に出ている子どももいて、その姿は10人いれば10通りというくらい異なっています。ですから診断名を聞いて「この子はADHDだから」という見方を当てはめるのはあまり意味がないうえ、むしろ子どもの本当の姿を見失ってしまう危険性があります。診断の有無や診断名よりも、その子が「どんな遊びが好きで、園生活でどんなことに困っているか」ということを、しっかり見つめて支援を検討することが求められます。

千差万別の個性を捉えて支援する

気になる子に限らず、全ての子どもの発達は発展途上の状態です。ある時期に気になる姿があっても、成長とともに課題を克服していくことも多いものです。また「なにが気になるか」は園の環境や方針、保育者の保育観によっても変わります。興味に合った遊びが見つからないために、園内を走り回ってばかりいる子どももいます。規律や規範を重んじる保育者にとって、元気があふれて集団から外れがちな子どもは“気になる子”になります。子ども一人ひとりの多様な個性を柔軟に受け止め、その子どもに合った保育ができているか、振り返ってみることも大切です。

グレーゾーンの子も過ごしやすい配慮を

最近は、障害の診断はつかないけれど、少し発達がゆっくりだったり、経験不足による遅れなど、いわゆるグレーゾーンの子どもも少なくありません。そういう子どもには「少し手厚い関わり」を心がけましょう。いつもみんなのテンポから遅れてしまう子どもには、他の子どもより先に声かけをして行動を促す、立ち歩いてしまう子どもには、座る場所にテープで印をつけ「ここに座っていてね」と具体的な指示をするなど、ちょっとした工夫で、子どもも楽しく遊びや活動を進められるようになり、自信や意欲が育っていきます。

2章

事例でみる
インクルーシブな保育

園での実際の事例をもとに、

個別対応、そしてインクルーシブな対応を紹介します。

みんなが過ごしやすく、育ち合える保育とは？

Case 1 ダンスや製作活動が苦手なAくん（4歳児）

基本情報

Ａくんは４歳の男の子。両親と弟の４人家族。発達障害の診断はありません。

園での様子

運動会・発表会などのダンスの練習を嫌がります。「やらない」「やだ」と言って部屋の隅に行き、ごろごろ寝転んでいることも。運動会ではリレーは好きで走りましたが、ダンスなどは苦手で踊りませんでした。普段、機嫌のよいときは友達と戦いごっこなどをしていますが、遊びを邪魔されると衝動的に友達に手が出ることも。また、朝の身支度や製作活動はなかなか進まず、時間がかかってしまうこともあります。

ここが気になる

* 行事の練習を嫌がるとき、どこまでさせればよい？
* 嫌なことは無理強いせず、このまま本人の意思を尊重していてよい？

【考えられる要因】

* ダンスの順序を覚えられないから、嫌なのかも？
* 歌やダンスをすることに意味を見出せないのかも？
* ザワザワした雰囲気や大きな音などが苦手なのかも？

読み解いてみよう

本人が困っていること

- 嫌いな活動、苦手な活動をさせられる。
- 踊ることがつまらない、楽しさがわからない。
- 他の子どもが楽しんでいる輪に入れない。

周りの子が困っていること

- 練習が滞ってしまうことがある。
- 誘っても応じてもらえない。
- クラス全員で踊れず、残念な気持ちになる。

保護者が困っていること

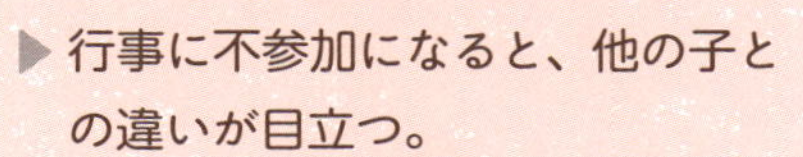

- 行事に不参加になると、他の子との違いが目立つ。
- わが子の成長を実感しにくい。
- 個性なのか発達の問題なのか、迷う。

なぜこうなるの？

「なにが嫌なのか」を踏み込んで理解する努力を

発達障害やその傾向のある子どもが、ダンスを嫌がるのは珍しくありません。しかし、理由は子どもによりそれぞれです。個々の動きや流れが覚えられない、まねをするのが苦手という例もありますし、自閉症的な特性がある子どもは、軽やかなすばやい音に合わせて「うさぎのようにピョンピョンしよう」と声をかけても「ぼく、うさぎじゃないし」と思い、音や言葉と動きのイメージとが結びつかない場合もあります。音が大きく聞こえる、ザワザワした雰囲気がダメという子どももいます。どんな場合もなにかしら嫌な理由があるのですが、子どもはうまく理由を伝えられず、「やらない」という言葉や行動で表現しているのです。保育者はもう一歩踏み込んで、Aくんが嫌だと思う理由を理解し、対応を検討しましょう。

保育者の対応のポイント

個別対応 その1 「わからない」のなら わかるための手助けを増やす

Aくんは、身支度や製作も進まないということですから、「やり方、順番を覚えられない」ことが、ダンスなどを嫌う原因かもしれません。その場合は、「わからなくなったときは先生が助けるね」「○○ちゃんが隣にいるよ」と、困ったときに頼れる人がいることを伝えると安心して取り組めます。また、動きや手順を絵で見せるのも有効です。

個別対応 その2 「やりたくない活動」ほど "動機づけ" が重要

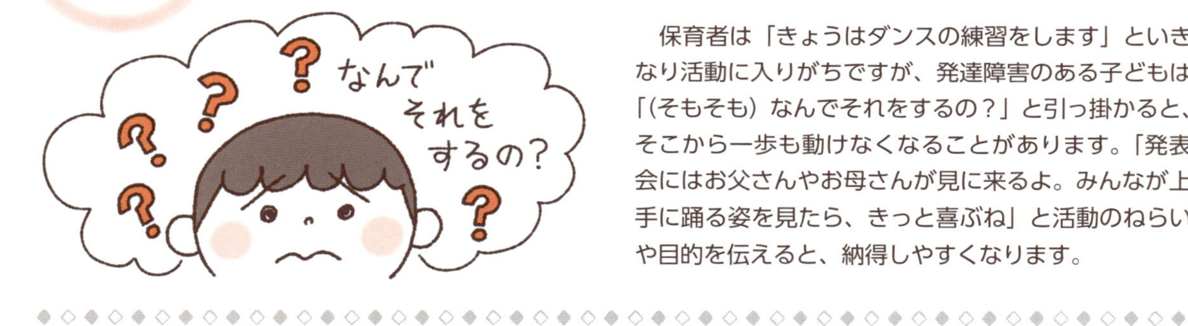

保育者は「きょうはダンスの練習をします」といきなり活動に入りがちですが、発達障害のある子どもは「(そもそも) なんでそれをするの?」と引っ掛かると、そこから一歩も動けなくなることがあります。「発表会にはお父さんやお母さんが見に来るよ。みんなが上手に踊る姿を見たら、きっと喜ぶね」と活動のねらいや目的を伝えると、納得しやすくなります。

個別対応 その3 部分参加や、役割をもつなどで その子が参加できる方法を検討

嫌がる活動は無理強いせず、「やりたくなったらおいでね」と本人の気持ちを尊重するのはよいことです。ただ、それだけでは結局なにもできず、活動や経験の幅を狭めてしまう可能性も。やはり「その子ができる活動」を考えて促すことも大切です。ダンスは「決めのポーズだけはやる」など、部分参加でもOKですし、衣装を作るなどの役割を与え、集団活動の周辺にAくんの居場所をつくる方法もあります。

インクルーシブな対応1

友達の力を借りる、「音」に対して合理的配慮をするのも◎

ダンスのような集団活動では、“友達の力”で引っ張ってもらうのもよいでしょう。踊りの見本となる子どもに前に立ってもらい、「○○くんを見て踊ってみよう」と促すと、意外にスムーズに活動に入れることもあります。

また大きい音がつらいなら、不快な音を遮断するイヤーマフをするのも合理的配慮の１つです。音楽を選べるなら、なるべくその子どもが好きな曲を選び、まずは「音楽に合わせてみんなと体を動かすと楽しい」という経験ができるよう、援助しましょう。

インクルーシブな対応2

母親が孤立しないように心配事を言える関係づくりを

Ａくんのように、気になる様子があるけれど特に診断がついていない子どもの場合、母親が夫や友達にも相談できず、孤立してしまうケースがあります。母親が一人で悩んで疲弊する前に、心配事を気軽に吐き出せるような状況をつくりましょう。

できれば保育者が、家庭での心配事や子育ての苦労などの聞き役になるとよいでしょう。もし、担任や園内の人には本音で話しづらいときには、発達障害の巡回相談員など、第三者にその役をお願いしてもよいでしょう。

Case 2 活動の切り替えができないBくん（5歳児）

基本情報

Bくんは、5歳の男の子。発達障害の診断はありませんが、3歳の入園時から少し気になる様子が続いています。家族は両親とBくんの3人。

園での様子

園庭で遊ぶときはいつも、砂場に行ってサラサラと砂を落とすなどして遊んでいますが、砂場で遊んだあとは、決まって活動の切り替えができません。昼食時間になっても保育室に入らなかったり、片づけの声かけをしてもその場を動かなかったりすることも。結局、クラスの友達と別行動になることが多いです。

ここが気になる

* 無理に遊びをやめさせると気持ちが崩れ、なにもできなくなります。
* ずっと同じ遊びばかりしていますが、このまま見守っていてよい？

【考えられる要因】

* 「次になにをするのか」という見通しをもてないのかも？
* 発達障害の傾向があり、1つのことにこだわりが強くなってしまうのかも？
* 他の遊びの楽しさを知らないでいるのかも？

読み解いてみよう

本人が困っていること

- 安心できる遊びから無理に引き離される。
- 自分で気持ちを整理できない。
- 次の行動、生活の流れがわからない。

周りの子が困っていること

- みんなと違うことをするので戸惑う。
- 生活の決まりを守らず、ずるいと思う。
- 関わり方がわからない。

保護者が困っていること

- 遊びにはまってしまうと、生活時間が乱れがちに。
- 気持ちが不安定で、保護者自身も対応しづらい。

なぜこうなるの？

見通しをもてず、遊び続けてしまう

発達障害のある子どもや気になる子は、活動の「見通し」をもつのが苦手です。保育者が活動の終わりや片づけを指示しても、次の見通しがもてないため、それまでしていた遊びに執着し、遊び続けてしまう姿がよく見られます。また発達障害やその傾向があると、Bくんのように同じこと、同じ遊びをずっと繰り返してしまう「常同行動」が表れることがあります。

他の遊びを選ぶ力がない

子どもが同じ遊びだけを繰り返しているときは、「その遊びが好き」という積極的な理由の場合もありますが、一方で「それしか知らない」「他の遊びを選ぶ力がない」という消極的な理由で、1つの遊びを続けているケースもあります。保育者は子どもの好きな遊びを十分に保障するとともに、興味や関心を広げる働きかけもしていく必要があります。

保育者の対応のポイント

個別対応その1　そのあとの「見通し」をわかりやすく伝える

子どもが片づけに移れないときは、「片づけたあと、この絵本を読みます」「片づけたらおやつを食べます」と、そのあとにすることを具体的に伝えましょう。また、継続性のある活動なら「もうおしまい」と言うよりも、「明日また続きができる」ことを伝えると、次への展望がもて、気持ちが切り替えやすくなります。

個別対応その2　活動の「始まり・終わり」をきちんと示す

活動が“なんとなく”始まり、“なんとなく”終わるという流れだと、子どもは切り替えがうまくできないことがあります。活動を始めるときは、子どもの意識を保育者に集めてから「始めます」と挨拶。同じように活動を終えるときも、はっきり「終わります」と伝えましょう。活動の区切りが明確になります。

個別対応その3　「いつまで」を子どもに決めさせる方法も

アスペルガー症候群（高機能自閉症）といった、知的な遅れがない発達障害の子どもで、遊びを続けてしまう場合には、「あと何回やる」「時計の針がどこまで」と、活動の終わりを子ども自身に決めさせるのも一案。「自分で決めたのだから、“もっと（やりたい）”は、なしだよ」と話すと、納得しやすくなります。

インクルーシブな対応1

片づけやすい「環境」かどうかもチェックして

片づけをするように伝えても、子どもがスムーズに動かないときは、保育室や園庭の「環境」を再点検してみてください。

低年齢児の場合は「片づけ」という言葉だけではわからないこともあります。「ここにお皿を５枚入れようね」というように、なにをどこにどれくらい収納するのかがわかれば、子どもは楽しんで片づけられるようになることもあります。棚やケースに写真や絵を貼るなど、子どもにとって片づけやすい環境を整えましょう。こうした環境はどの子どもにも有効です。

インクルーシブな対応2

クラスの子どもへは保育者の率直な気持ちを伝える

クラスの子どもから「ごはんの時間なのに、どうしてBくんだけ遊んでいるの？」と聞かれたら、保育者は説明に悩むかもしれません。

しかし、こういうときに変にごまかすのはNG。Bくんの状況について「砂がサラサラして気持ちいいみたい。今度いっしょにやってみる？」と伝えながら、「先生も本当は、Bくんにもみんなといっしょにごはんを食べてほしいんだ。明日のこの時間になったらBくんを誘ってみてね」と、保育者の気持ちを率直に伝えましょう。

Case 3 パニックを起こすCくん（4歳児）

基本情報

Cくんは４歳の男の子。家族は両親と祖母の４人。発達障害の診断はありませんが、３歳で入園していた前の園でトラブルが多かったことから、４歳で転園してきました。

園での様子

普段は好きな遊具でマイペースに遊んでいますが、こだわりの強いところがあり、ときおりパニックのような状態に陥ります。ある日の朝の会で、予定していたプール遊びができないことを告げると「先生はきょうプールだって言ったのに！」と激しく泣き始め、おもちゃ箱をひっくり返して大暴れしたこともあります。

ここが気になる

* 思いがけないところで感情が爆発することがあり、戸惑う。
* 乱暴をやめさせたいがうまくいかない。
* 他の子どもにどのように説明すれば？

【考えられる要因】

* 発達障害の傾向があり、自分では感情を抑えられないのかも？
* 予想と違うことに、強い不安を感じてしまうのかも？
* 他のやり方で自分の気持ちの表現方法を知らないのかも？

読み解いてみよう

本人が困っていること

- 急に感情が高ぶってしまう。
- 嫌な出来事がフラッシュバックすることがある。
- 周りの子とよい関係を築きにくい。

周りの子が困っていること

- 乱暴の被害を受けることがある。
- 急に泣かれたり、怒られたりするので戸惑う。
- 関わり方がわからない。

保護者が困っていること

- 感情の起伏が激しく、周りの子に嫌われてしまうのではと不安。
- 子ども同士のトラブルが多く、相手の保護者に謝罪してばかり。
- 親子ともにクラスから孤立しがち。

なぜこうなるの？

不安や恐怖がパニックを引き起こす

パニックとは、突発的な不安や恐怖からくる、混乱した心理状態・行動です。発達障害のある子どもは見通しを立てる力が弱いため、予定が急に変更になったり、思いどおりにならない状況になったりすると強い不安に陥り、パニックを起こすことがあります。激しく泣き叫ぶ、暴れる、物を投げる、逃走するなどの他に、自分の頭を床に打ちつけるなどの自傷行為もあります。

クラス全体の視点では…

他人への攻撃性が強くなる子も

パニックによって他人への攻撃性が強く出る子どももいます。友達の足が自分の体に触れただけなど、ちょっとしたことでも怒りを爆発させて、突然、友達に殴りかかる、かみつく、「殺す」「死ね」などの激しい言葉を浴びせる、といった言動がみられます。しかし、保育者や周りの子にはその理由がわからず、「どうしてこんなことで怒っちゃうの？」と戸惑いを感じます。

保育者の対応のポイント

個別対応その1 安全に注意し、パニックが治まるのを待つ

パニックを起こした子どもが、自分自身や他の子どもを傷つけないよう注意します。集団から離れた場所に移動する他、先のとがった物や投げると危険な物は遠ざけて、保育者が体を押さえるなどして安全を確保します。そのうえで「クールダウン」の時間をとります。

個別対応その2 パニックを起こした状況を記録しておく

なにがきっかけでパニックを起こしたのか、保育者はそのときの状況や前後の流れをメモしておきましょう。メモの記録から「(競争などに) 勝ちたい」気持ちがパニックの原因とわかったなら、「負けることもある」と先の見通しにつながる説明をしていくと、パニックを克服できることも。

個別対応その3 落ち着いてから、どうしたらよかったかを具体的に説明する

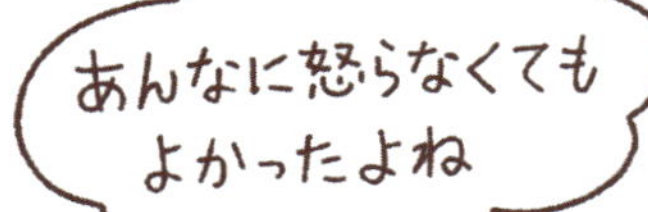

子どもの興奮や混乱が治まってきたら、状況を説明します。「あんなに怒らなくてもよかったね」「今度はこう言えるといいね」と、次にどうふるまえばよいのかを具体的に伝えます。「前はこういうときに怒ったけど、きょうは怒らなかったね。大きくなったんだね」と前の行動を振り返らせることも、感情をコントロールする力を育てます。

インクルーシブな対応1

被害を受けた子や保護者とのていねいな橋渡しをする

パニックになって他の子どもを攻撃してしまうと、周りの子どももその子を避けるようになります。保育者が説明をして関係修復を促しましょう。

当人には落ち着いてから「ごめんねを言おう」と誘い、また被害を受けた子どもには「びっくりしたね。Cくんは勘違いしてたたいてしまったけど、落ち着けば大丈夫だよ」「今、Cくんは気持ちを言葉で伝えられるようにがんばっているところなの」と、たたいた子の気持ちや状況を説明しましょう。また、たたいた子ども、たたかれた子どもの双方の保護者がそろう場を設け、事態が起きた状況、子どもそれぞれの気持ち、そして園としての予防策をていねいに伝えます。園で起きたことは園の責任であることを忘れずに。

インクルーシブな対応2

「感覚過敏」があるのかも。原因をよく見極めて

発達障害のある子どもは、聴覚や嗅覚、触覚などの感覚過敏が原因で、パニックを起こすケースがあります。聴覚過敏では、大きな音に耐えられず耳をふさいで逃げる、触覚過敏では、水や泥などを極端に嫌がる他、人に体を触られると激怒することも。こうした感覚過敏のある子どもには、園の生活のさまざまなところで困難が生じます。パニックやトラブルが多いときは、なにが原因となっているのかを注意深く見て、対応を考えていきましょう。

Case 4 指示が伝わらず遅れがちなDくん（4歳児）

基本情報

Dくんは４歳の男の子で、発達障害の診断はありません。家族は両親と２歳の弟。

園での様子

製作活動で、道具をロッカーから持ってくるとき、全体への指示だけでは動けず、個別に声をかけてもロッカーで道具をいじったりしていて、すぐには席に戻れません。着替えも声かけがないと、ボーッと立っていたり洋服をいじったりして進まない様子。戦いごっこが好きで数人の友達と遊んでいますが、特定の仲よしはいない状態。また疲れやすいのか、床に寝そべってごろごろしてしまうことがよくあります。

ここが気になる

* 保育者がつい、せかしてしまい、「あー、もうわかってるよー」とイライラさせることが。どう対応すれば？
* 就学に向けて、今の時点でどういう支援をすればよい？

【考えられる要因】

* 保育者の指示を、途中で忘れてしまうのかも？
* 「できない」ことに自分でもイライラしている可能性も。
* ＡＤＨＤの一部の傾向により、生活や遊びで困っていることが多いのかも？

読み解いてみよう

本人が困っていること

- どうしても気が散ってしまう。
- 他の子と同じようにできないことに困惑している。
- せかされると混乱する。

周りの子が困っていること

- 遊びが長続きしない。
- Dくんがいつも遅れるので、活動が滞りがちになる。
- ごろごろしているなど「変わった子」と感じることがある。

保護者が困っていること

- なにかと注意することが多くなる。
- 「できないこと」が気になる。
- わが子の成長、よさを実感しにくい。

なぜこうなるの？

物事に集中できない“不注意”かも

Dくんは、物事に集中できない“不注意”が強く出ているのかもしれません。これはＡＤＨＤの特徴の１つで、指示を聞いて行動しながらも、やっていることを忘れてしまう、ボーッとしているなどして、最後までやり遂げられず、周りからいろいろなことを言われてしまうのでしょう。こうした面からもDくん自身が「困っている子」であり、疲れやすいのはそのせいかもしれません。

クラス全体の視点では…

友達との遊びが難しくなる可能性も

他の子どもとの関わりでは、集中力が続かないため、数人の子と少し遊んでは、また別の遊びに流れるのだと思われます。他の子どもたちが活発に活動するなか、周りの遊びについていきたいのに、どうしても注意がそれてしまうのです。今後、５歳児に近づくにつれ、周りの子どもとDくんの違いが際立つ可能性もあるので、Dくんの状況に合った支援を検討しましょう。

保育者の対応のポイント

個別対応 その1 よけいな情報を少なくし、集中できる環境づくりを

着替えでは、Dくんが着替えに集中できる環境づくりが重要です。ポイントは、視野に入る物が多いと気が散ってしまうので、情報を少なくすること。ロッカーの中の物で遊んでしまうなら、保育者がロッカーとの間に立って周囲の情報を遮断します。他の子どもの遊びに気をとられるなら、パーティションを置いて目隠しするなど、工夫してください。

個別対応 その2 子どものイライラ発言は関わり方を変えた方がよいサイン

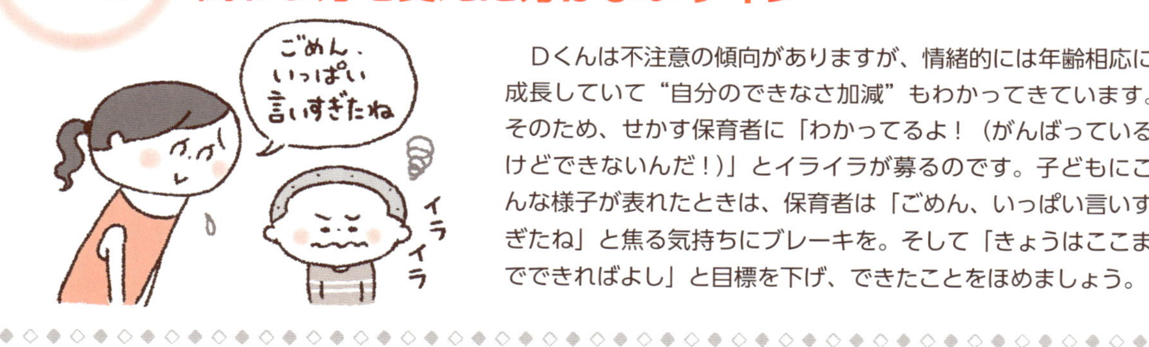

Dくんは不注意の傾向がありますが、情緒的には年齢相応に成長していて“自分のできなさ加減”もわかってきています。そのため、せかす保育者に「わかってるよ！（がんばっているけどできないんだ！）」とイライラが募るのです。子どもにこんな様子が表れたときは、保育者は「ごめん、いっぱい言いすぎたね」と焦る気持ちにブレーキを。そして「きょうはここまでできればよし」と目標を下げ、できたことをほめましょう。

個別対応 その3 就学のことよりもまず「自分のことを自分でできる」を目標に

４歳児の後半になれば、就学についても気がかりなものです。ただ、４歳児で１日に何度も行う着替えの習慣が定着していない状況で、就学のことを考えるのは無理があります。「なんとかしてDくんを他の子に近づけよう」と考えるのでなく、まずはDくんが「自分の身の回りのことを自分でできる」ことを目標に、生活の基盤を固めていきましょう。

インクルーシブな対応1

家庭にも協力してもらい、生活面の育ちを支える

衣類の着脱や食事、排泄などの生活習慣が身につかないと、家庭でも混乱が多くなりがちです。生活習慣の指導は「園でこういうやり方をしたらうまくできた」という例を、家庭にも積極的に伝えましょう。

ボタンに手間取って着替えが進まない子どもなら、Dくんの様子を保護者と共有したうえで、「しばらくボタンのないトレーナーなどにしてみませんか」と提案してもよいでしょう。また逆に、保護者のやり方を教えてもらい、園で取り入れるのもよい方法です。

インクルーシブな対応2

園でしていた支援法を小学校に引き継ぐ

発達障害やその傾向がある子どもでは、４歳頃から就学を意識して、保育の記録をつけていきましょう。

就学時には保護者の同意・協力のもとに「就学支援シート」などを作り、これまでの経過や保護者の願いなどを記して小学校に引き継ぎをします。このとき大切なのは、その子の困難やできていないことを書くだけではなく、「うまくいった関わり方」「手応えのあった対応法」をきちんと書くことです。それが就学後の適切な支援につながります。

Case 5 消極的で遅れて行動するEくん（5歳児）

基本情報

Eくんは5歳の男の子。両親と2歳上の兄の4人家族。5歳後半に専門機関を受診していますが、発達障害の診断はついていません。

園での様子

Eくんは話すのも行動もゆっくりでマイペース。集団行動が苦手で、活動や移動のときは周りの子どもが教えたり連れて行ってくれたりする状態。全般に自己主張が少なく消極的で、好きな遊びはこれといってありません。クラスの子どもに誘われれば遊ぶこともありますが、年下の子どもと遊ぶことが多くなっています。

ここが気になる

* 消極的で意欲のない感じなのは、なぜ？
* 家庭とも協力して対応するには、どういうところに気をつければよい？

【考えられる要因】

* 保育者の話が理解できていないのかも？
* 興味をもてる遊びがないなど、Eくんの特性と環境が合っていないのかも？
* ＡＤＨＤの不注意、またはＬＤの傾向が出ている可能性も。

読み解いてみよう

本人が困っていること

- 保育者の言っていることがわからない。
- なにをするのかすぐに忘れてしまう。
- 5歳児クラスの遊びや活動のペースについていけない。

周りの子が困っていること

- いっしょに遊びを楽しめない。
- いつも遅れてしまうので、なにかとお世話をしなければならない。

保護者が困っていること

- 周りの子にくらべ、できないことが気になる。
- 口うるさく叱ることが多くなってしまう。
- 5歳児で、就学への不安も大きい。

なぜこうなるの？

話を理解する力に問題があるのかも

Eくんは少し発達がゆっくりで、話を聞いて理解する力に問題があるのかもしれません。保育者が全体に指示をしただけでは動けない、または周りの動きについていけないのは、「話し言葉を聞いて、理解をするのが難しい」状態です。理由は子どもによりさまざまで、不注意で指示を聞いていない、途中で忘れてしまう他、言葉の意味がわからないこともあります。

クラス全体の視点では…

好きな遊びや仲のよい友達を見つけて

Eくんの事例では、保育者から見て「消極的で、好きな遊びは特にない」ように見えるという点が気になります。発達に遅れがある子どもでも、園で好きな遊びや仲のよい友達ができると互いに刺激を受け合い、ぐんぐん成長していく例は多々あります。得意な活動などを生かし、好きな遊びを発展させられるような取り組みを考えていきたいものです。

保育者の対応のポイント

個別対応 その1 周りから「遅れてしまう」理由をていねいに探る

Ｅくんのどこに困難があるのかをていねいに探り、それをカバーする対策を考えましょう。注意がそれやすいのであれば、「なにを取りに行くのかわかる？」と個別に確認をします。手順を忘れてしまうときは、「いっしょにやってみよう」と手助けをします。音としての言葉では指示が伝わりにくいのなら、実物や絵カードのような視覚情報を添えるなど工夫してみてください。

個別対応 その2 クラスに相性のよい友達ができると育ち合う関係に

Ｅくんは５歳児同士の複雑でテンポの速い遊びにはついていけず、その結果、年下の子と遊ぶことが多くなっているようですが、クラスにはゆったり遊ぶのが好きな子どももいるはず。保育者はＥくんと相性がよさそうな子どもがいっしょに遊べるようコーディネートしましょう。「気の合う友達と遊ぶと楽しい」という経験はＥくんの成長につながり、そこからクラスの子どもたちとＥくんとの関わりも深まっていきます。

個別対応 その3 みんなの前でその子のよいところをほめる

発達障害のある子どもは、家庭でも園でも叱られ、否定されることが多くなります。「自分はこれでいいんだ」「わたしにはこんなよいところがある」という自己肯定感を育てるには、人に認められる経験が必要です。好きな遊びや得意な活動、行事の練習の際には、大いにほめましょう。特にみんなの前でほめると仲間にも認められ、うれしい体験に。

インクルーシブな対応1

クラスの枠を超え 年下の子との遊びも自信がつくきっかけに

発達がゆっくりなために同年齢の子どもと遊びが合わないようであれば、クラスの枠を超えて、年下の子どもと遊ぶ機会をつくってあげるのもおすすめです。年下の子どもたちと、戦いごっこなどの比較的単純な遊びや、その子どもに合ったペースの遊びをすれば、園で楽しく過ごせる時間が増えますし、それによってＥくんにも自信がついてくるはずです。

インクルーシブな対応2

母親の心配や困り事を聞き出し、わが子のよさに気づけるように

Ｅくんの母親は発達の遅れを心配するあまり、子どもを口うるさく叱責してしまい、困っているとのこと。しかし、そこで保育者が母親に「叱責はよくないこと」と伝えても関係が悪くなるだけです。なぜなら、母親は「本当は叱責したくないけれど、してしまう」という状況だからです。最初は母親から育児で困っていることを引き出すようにし、保育者は聞き役に徹しましょう。

信頼関係ができてきたら「大変ですね。でも一番困っているのはＥくんかも」と子どもの状態を解説してみるのもよいでしょう。また「作品がすてきで、みんなに拍手されました」と伝えるなど、母親がわが子のよさや成長に目を向けられるような働きかけも重要です。

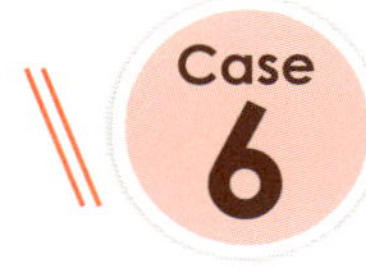

運動会の練習でトラブルが多いFくん（5歳児）

基本情報

Fくんは5歳の男の子。発達障害の診断はありません。家族は両親と1歳の妹の4人。

園での様子

普段は園庭を元気よく走り回るなど活発ですが、運動会の練習となると、練習自体を渋ったり、だらだらとしたやる気のない様子が多く見られたりします。整列では、列の前の友達に寄りかかるなどしてトラブルになることもしばしば。体を動かすこと自体は嫌いではないようなので、運動会の練習にももっと意欲をもって取り組んでほしいのですが…。

ここが気になる

* 練習に興味や意欲をもってもらいたいけれど、どうすれば？
* 特に整列やきちんとしてほしいときに、だらだらしてしまうのはなぜ？

【考えられる要因】

* 姿勢よく立っているのが、実は難しいのかも？
* 発達障害の傾向で、自分の手足の位置や感覚などがつかめていない可能性も。
* 練習で注意されることが多いので、やる気をもてないのかも？

読み解いてみよう

本人が困っていること

- 苦手な動作を何度もさせられる。
- 体が思うように動かず、疲れてしまうことが多い。
- がんばっているのに、注意される。

周りの子が困っていること

- 練習が滞ったり、長引いたりする。
- わざと邪魔をしているように感じてしまうことも。

保護者が困っていること

- 家庭でも「練習が嫌だ」と訴えることがある。
- 他の子の迷惑になっていないか、心配。

なぜこうなるの？

実は不器用で、運動が苦手

いつも園庭を走り回っている子どもは一見、運動が好きなように見えますが、実際は単調な動きを繰り返しているだけで、実は手首足首の関節をうまく使えない、力や動作を調節できない、姿勢を保持できない、といった困難を抱えているケースも。そのため「器用な動き」や「姿勢を正して並ぶ」といった“難しいこと”を要求される運動会の練習を渋ることがあります。

クラス全体の視点では…

できない子に不満を覚えることも

整列ができない子がいて叱られている間、練習が止まってしまうなどの時間が多くなると、他の子にとっても運動会の練習がつらいものになってしまいます。また、クラスの子から「あの子がいると負けるから嫌」といった意見が出ることも。そういう場合、Fくんが「どうして練習が嫌なのか」「なにに困っているのか」をクラス全体に問いかけてみるのも一案です。

保育者の対応のポイント

個別対応 その1　普段の遊びのなかで「多様な動き」を経験して

重要なのは、日頃から「多様な動き」を経験していくことです。運動会の練習シーズンでも自由遊びの時間などを使って、おにごっこやボール遊びのような、さまざまな体の使い方ができる機会をつくりましょう。また「目を閉じて 10 秒動かないでいられるかな」というように、遊びのなかで「静止」や「姿勢の保持」を経験していくと、動作や姿勢のコントロール力が養われます。

個別対応 その2　体に触れて、動きや姿勢を伝えボディイメージをつかむ力を養う

動きに“不器用さ”があり、ボディイメージがつかめていない場合は、保育者が子どもの手足や体に触れて正しい位置・姿勢に導くのもよい方法です。「この位置だとグラグラしないよ」「かっこよく見えるね」と励ましながら、1歩ずつ練習を進めましょう。

個別対応 その3　並び方や勝敗のつけ方にひと工夫を

運動会の練習のなかで、整列時にトラブルが多いなら、一番前や一番後ろなど、他の子どもとの接触が少ない並び順にしてもよいでしょう。競技の「勝ち負け」にこだわりが強い子どもには、負けることもあると事前に説明する他、通常の順位とは別に「応援をがんばったチームが勝ち」などのルールを設け、勝敗のつけ方にも工夫をしましょう。

インクルーシブな対応1

リレーなどの全体競技はクラスみんなで考える

リレーなどの全体競技では、クラスに発達障害の子どもがいると順位が落ちる、競技が中断するなど不利になることも。

しかし、５歳児にもなれば、クラスの友達が「どうすればよいか」を考えて、みんなでアイデアを出してくれるケースも多いものです。保育者は一人で悩まず、クラスで相談をしてみましょう。

インクルーシブな対応2

運動会の当日には子どものタイプに合わせた配慮を

運動会当日は、子どものタイプに合わせて登園時刻にも配慮をしてみましょう。朝からテンションが上がりすぎて疲れてしまうタイプなら、開会直前に登園してもらうと安心。反対に、雰囲気に慣れにくいタイプは早く登園してもらい、徐々に人が増えていく方がなじみやすいようです。

発達障害のある子どもは、練習を重ねてきたのに運動会当日はできなかった、となる場合もあります。そのときは、当日までのプロセスを保護者に説明し、「これまでのがんばりもほめてあげてください」と伝えましょう。また、観客のいない予行練習などを保護者がそっと参観する機会を設けるのも一案です。

Case 7 製作活動を嫌がるGちゃん（5歳児）

基本情報

Gちゃんは、５歳の女の子。発達障害の診断はありません。家族は両親とGちゃんの３人。

園での様子

お絵描きや製作などが好きではなく、製作活動時には「えー、やりたくない」と訴えます。作り方を説明したあとも、ただぼんやりしていたり、時にはすっと保育室を出て行ったりしてしまうことも度々です。今は保育者がそばに付き添って手順を教えていますが、手先の作業が全体におぼつかない様子です。ボール遊びや竹馬などの、体を使った遊びも苦手な傾向があります。

ここが気になる

* 製作や運動を嫌がるときには、どこまでさせればよい？
* 個別に教えていると、他の子が時間を持て余してザワザワしてしまいます。

【考えられる要因】

* 保育者の指示がわかりにくいのかも？
* 製作の手順などを理解する力が弱いのかも？
* 発達障害の傾向により、手先や運動面での不器用さが見られることも。

読み解いてみよう

本人が困っていること

- 園に来ると苦手なことをさせられる。
- 保育者の指示などが理解できない。
- 上手にできないので楽しくない。

周りの子が困っていること

- 製作の途中なのにいつも待たされるので、嫌になる。
- 急に保育室から出ていくことがあるので、戸惑う。

保護者が

困っていること

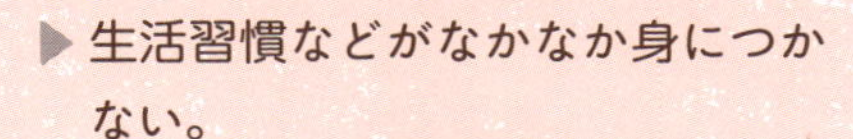

- 生活習慣などがなかなか身につかない。
- どのように教えれば改善するのか、わからない。

なぜこうなるの？

理解力やイメージする力に課題

　発達障害やその傾向がある子どもは、製作が苦手というケースはよくあります。例えば、保育者の指示がわからないなど「理解力やイメージする力に課題がある」子どももいますし、Gちゃんのように「手先の不器用さ」があることで、意欲がもてない子どももいます。また、ヌルヌル、ベタベタといった感覚がダメという「感覚過敏」が理由で、製作を嫌がる例もあります。

クラス全体の視点では…

クラスの中で進度に差が

　クラスの平均的な子どもと、気になる子どもとで、製作の進度に大きな差があると、保育者はどのように指導を進めるか、迷ってしまいがちです。また、製作の最中に保育者が、立ち歩く子どもを連れ戻しに行ったり、理解の遅い子どもに詳しく説明をしたりしていると、クラスの製作活動の流れが滞ってしまい、他の子どもの集中力が途切れてしまうこともあります。

保育者の対応のポイント

個別対応 その1
目標と工程をわかりやすく示す

発達障害のある子どもには「これを作ります」という目標と完成までの工程を図などにして、わかりやすく説明します。それでもわかりにくい場合、「(指をさしながら) ここに色紙を貼るよ」と行動を具体的に指示する方法も。また、集中力が途切れて途中で投げ出してしまうこともあるので、様子を見て休憩を挟むなど、メリハリをつけてみましょう。

個別対応 その2
具体的な指導は“二人羽織”が効果的

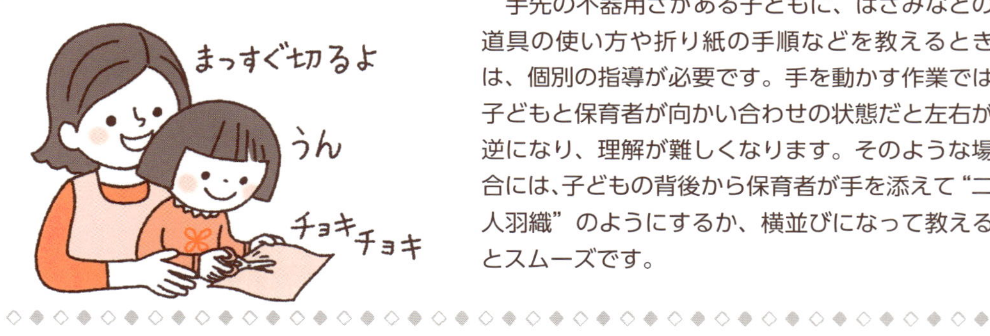

手先の不器用さがある子どもに、はさみなどの道具の使い方や折り紙の手順などを教えるときは、個別の指導が必要です。手を動かす作業では子どもと保育者が向かい合わせの状態だと左右が逆になり、理解が難しくなります。そのような場合には、子どもの背後から保育者が手を添えて“二人羽織”のようにするか、横並びになって教えるとスムーズです。

個別対応 その3
保育者が支援しながら「最後までやった」体験を！

のりなどのべたべたする感覚がダメという子どもは、最初は綿棒で挑戦し、次に指１本で触れるというふうに、段階を踏んで苦手を克服していきましょう。また、作業を保育者が手伝う場合も、最後の工程はできるだけ子どもに任せるようにします。その方が、子どもにとって「できた」「自分でやった」という体験につながります。

インクルーシブな対応1 指導の優先順位を考え、製作期間にもゆとりを

クラスの子どもと気になる子で製作の進度が大きく異なるときは、気になる子に「ここまで上手にできたね。次にこれをやるから待っててね」と、できた部分を認め、確認の声かけをします。そして、クラス全体には最後の工程まで先に説明を進め、そのあとに遅れている子どもの指導を続けます。また、1週間のうちのどこかでその子どものペースで仕上げるなど、決まった時間内に全員が仕上げることにこだわらず、製作期間にもゆとりをもたせましょう。

インクルーシブな対応2 子どもの作品のよさを認め、掲示方法も工夫して

製作では、作品ができたあとの保育者の関わりも重要です。よくないのは、子どもの作品を「これはなに？」と作品の内容を問いただすこと。保育者から質問攻めにされると子どもは責められていると感じ、嫌になります。「よく描けたね。先生にお話ししてくれる？」と伝えると、子どもは話しやすくなります。

作品を展示する際も、見る人が単に出来栄えだけに目がいかないよう、子どものがんばっていた姿をコメントにして添えるなど、掲示方法を工夫しましょう。

Case 8 多動が気になるHくん（5歳児）

基本情報

Hくんは、3歳で入園した、現在5歳の男の子。入園前から多動の傾向が見られましたが、発達障害の診断は受けていません。家族は両親と小学生の兄の4人。

園での様子

登園すると通園バッグを身につけたまま園内を走り回り、じっとしていません。高い位置にある鍵を、机を使って勝手に開けてベランダに出たり、園児は立ち入り禁止の用具倉庫に入って刃物に触れたりするなど、ヒヤリとした経験も。少し園に慣れて保育室に入れるようになってからも、決まった活動には参加せず、他の子どもの周りでいつもウロウロしています。

ここが気になる

* 思わぬ行動に出るので、事故が心配。
* 注意しても行動が変わらない。
* 一斉の活動にあまり参加できておらず、5歳児として今後が不安。

【考えられる要因】

* ADHDの多動の傾向があり、動きを自分では止められないのかも？
* 保育者の指示や、自分のすることがわかっていないのかも？

読み解いてみよう

本人が困っていること

- 勝手に体が動いてしまう。
- 理由がわからないことでよく叱られる。
- 周りの子がなにをしているかよくわからない。

周りの子が困っていること

- 行動が予測できず、関わり方がわからない。
- ぶつかったりするので怖い。
- クラスの雰囲気が落ち着かない。

保護者が困っていること

- けがや事故などがとにかく心配。
- 何度言い聞かせても危険なことをする。
- 園の活動に参加できず、周りから遅れてしまうのでは…。

なぜこうなるの？

「体が動いてしまう」多動の傾向が

ＡＤＨＤの特徴の「多動」のある子は、大人が想定していないとっぴな行動をとることがあります。勝手に鍵を開けて外に出る、非常階段や倉庫などに入り込む、樹木や棚など高い所に登る、といった行動も見られます。さらに、その場の状況を判断する力も弱いため、保育者の指示や自分のすることが理解できず、ウロウロ歩き回る、保育室を出てしまう、といった例も。

クラス全体の視点では…

否定や禁止を繰り返すのは避けて

多動のある子どもに対し、保育者は「座っていなきゃダメ」といった否定や禁止、命令でコントロールしようとする対応が少なくありません。しかし、それはその子どもには苦痛でしかなく、周りの子どもにも「あの子はダメな子」という悪い印象を与えてしまいます。障害のある子や気になる子を無理に集団に合わせようとするのでなく、その子どもに合った対応を園全体で考えましょう。

保育者の対応のポイント

個別対応 その1 注意を引いて、指示は具体的に。我慢できたときにほめる

動き回っている子どもに指示を伝えたいときには、まず子どもの注意を引くような声かけを。「○○くん」と名前を呼び、「これから大好きな紙芝居が始まるよ」と実物を見せて興味を引くのも1つの手です。また「きのうは座れなかったけれど、きょうは5分座っていられたね」などと、スモールステップでできたところをほめることも忘れずに。

個別対応 その2 思い切り体を動かして動きたい欲求を上手に満たして

多動や衝動的な行動が目立つ子どもが、ソワソワと動きたそうにしているときには、思い切って体を動かす遊びをするのも一案です。「10分だけサッカーをしよう」「いっしょにおにごっこをしよう」と誘って、たっぷり体を動かすと、「スッキリした」と言って落ち着いて過ごせることもあります。

個別対応 その3 その子の好きな遊びを把握し、楽しめる活動を考える

保育室内に興味のある物がないと、なにをしてよいかわからず、部屋を出て行ってしまうことも。ただ、やみくもに動き回っているように見える子どもも、よく観察すると、水槽の金魚を頻繁に見ている、車の話を楽しそうにするなど、興味や関心のある物が見えてきます。金魚が好きなら金魚の壁面を作ってみるなど、その子どもが楽しめそうな活動や環境を考えることも大切です。

インクルーシブな対応1

職員同士で声をかけ合い 園全体で安全を守るつもりで

多動の子どもの安全のためには、入園当初は玄関や門、非常口、階段など危険と思われる場所にスタッフが立ち、職員が連携して見守りましょう。他にも、ベランダや玄関、非常口、倉庫などは子どもが開けられない構造の鍵に替える、フェンスには登れないよう目の細かい網でガードするなど、設備・環境の安全対策を園全体で再点検してください。

インクルーシブな対応2

多動傾向の子にしてしまいがちな 気をつけたい対応とは?

- 力任せに止める
  走り回る子どもを体ごと捕まえて止めたり、力ずくで押さえ込んだりするのはNG。よけいにフラストレーションがたまります。
- 否定する
  「いけません」「部屋を出て行ったらダメ」「どうしてできないの」など、むやみに子どもを否定する言葉は、事態を悪化させます。
- 抽象的に言う
  「○○組のみなさん」という集団への呼びかけや、「ちゃんと」「しっかり」といった言葉は、子どもには抽象的でわかりづらいものです。
- 他の子どもと比較する
  「他の子はもう部屋に入っているよ」「どうしてみんなといっしょにできないの」など、他の子どもと比較する表現で注意するのは避けましょう。

2章 事例でみるインクルーシブな保育

おしゃべりが止まらないＩちゃん（5歳児）

Ｉちゃんは５歳の女の子。家族は両親とＩちゃんの３人。発達障害の診断などはありません。

園での様子

一人遊びが好きでどちらかというと発達が遅い印象ですが、言葉は達者です。困るのは、保育者がクラス全体に話をしているときなどに、突然大きな声で関係のない話を始めること。先日も朝の会の途中で、自分が買い物へ行った話を始め、収めるのが大変でした。「先生が話をしているときは、聞いてね」と伝えていますが、あまり効果がありません。

ここが気になる

- 勝手に話し始めるので、保育者の話や活動が中断してしまう。
- 話に夢中になって活動が進まない。
- 会話がかみ合わず、他の子どもとのコミュニケーションが難しい。

【考えられる要因】

- ただ話をしたい、聞いてほしい気持ちが強いだけかも？
- 多動の傾向で、話しだすと止まらなくなってしまうのかも？
- 周りの状況（静かに話を聞く）がわかっていないのかも？

読み解いてみよう

本人が困っていること

- 話したいことがあふれてしまう。
- いつも注意される。
- 友達とうまく話ができない。

周りの子が困っていること

- おしゃべりがうるさい。
- 保育者の話を遮るので困る。
- 会話がちぐはぐで戸惑う。

保護者が困っていること

- 話し続けるので、つい聞き流してしまう。
- クラスに迷惑をかけていないか心配。
- 小学校に上がったらどうなるのか不安。

なぜこうなるの？

状況を読み取れずしゃべり続ける

静かに話を聞かなければならない場面で、しゃべり出して止まらなくなる――というのは発達障害のある子どもに、時々見られます。しゃべりたいという衝動性が強いうえ、今は話してよい場面かどうかをうまく読み取れないために、“場違いなおしゃべり”が続いてしまうと考えられます。本人には人の話を妨害しようとか、邪魔をしようという気持ちはまったくありません。

クラス全体の視点では…

友達との会話もちぐはぐに

こうした傾向のある子どもは、子ども同士の話し合いでも、本来の内容とは関係のないことや、自分が話したいことだけを一方的に話し続けてしまう場合があります。本人は、「自分にとって楽しい話は他の人にとってもおもしろいはず」という感覚で話をしています。そのため、それによって話や活動が中断して、周りの子どもが迷惑に感じていることを本人はわかりません。

保育者の対応のポイント

個別対応 その1 「絵カード」などでサインを出す

保育者が話をしているときなど、静かに聞いてほしい場面では、絵カードを使うと効果的なことも。あらかじめ「先生がこの絵を出したら『静かにして』のサインだよ」と説明しておき、子どもがしゃべりそうになったらサッと出して見せると、ひと目で理解できます。

個別対応 その2 帰りの会などで遠慮なく話せる機会をつくる

おしゃべりされると困る場面では、子どもの話を止めざるを得ませんが、別のときに子どもが遠慮なく話せる機会をつくりましょう。「紙芝居が終わったら、話を聞くね」と言って時間を設ける他、帰りの会などで前に出て話をしてもらう、といった方法もあります。

個別対応 その3 「上手な聞き方」を具体的に教える

話を聞くときの「お手本」を、イラストなどで示すのもよい方法です。座り方を示したイラストを貼っておき、話す人を見る、口は閉じる、背中は伸ばす、手を膝の上に置く、耳でしっかり聞く、足の裏を床につける――と具体的に伝えます。子どもがそわそわしてきたら、イラストを指さして確認をしたり、思い出させるためにわざと「ちゃんと座っているね」と声をかけたりすると効果的です。

インクルーシブな対応1 「声の大きさ」の指導は、根気よく続けることが大事

公共施設の中など小声で話してほしい場所で、大きな声を出してしまう子どももいます。そういった子どもにも大声とひそひそ声の違いはわかりますが、その中間の声のボリュームの調整は、難しい場合もあるようです。不適切に大きな声が出てしまったときは「もっと小さな声で言おう」と諭し、適切なボリュームで言えたら「ちょうどいい大きさだったね」とほめながら、根気よく指導しましょう。

声の大きさを、ぞう、うさぎ、ありなどの動物に例えて教えるのもよいでしょう。

インクルーシブな対応2 話が頭に入りにくい子どもがいる前提で、話し方を工夫して

Ｉちゃんのように場違いな状況で話し続けてしまう子どもは、衝動性の他に、聴覚鈍麻があるケースがあります。脳の処理として耳から伝わった情報が入りにくく、「10の話をしても２くらいしか頭に入らない」ことも多いです。

保育者はクラスにそういう子どもがいる前提で、普段から話し方のスキルを磨きましょう。だらだら話さず「今から大事なことを２つ言います」と要点を挙げて短く話す、声の抑揚や話の間(ま)で注意を引きつける、といった工夫をしてみてください。

Case 10 相手の嫌がることを言うJくん（5歳児）

基本情報

Jくんは５歳の男の子。発達障害の診断はありませんが、落ち着きがない、同年齢の友達との関わりが苦手、など、やや気になる様子が見られます。家族は両親と妹の４人。

園での様子

言葉が達者でよくしゃべりますが、反面、思ったことをすぐに口に出してしまい、友達の描いた絵を「ヘンなの〜、鼻がない！」と指摘したり、粘土の作品を見て「ウンチみたい」と言ったりして、相手の子が泣いてしまうといったトラブルが絶えません。園への訪問客に「あのおじさん、デブだね」と大きな声で言ったことも。

ここが気になる

* どうして相手が嫌がることを平気で言うの？
* 注意しても口答えが返ってくるばかりで肝心なことが伝わらない。
* 周囲の子にはどう説明すればよい？

【考えられる要因】

* ＡＤＨＤの傾向により、衝動的に思ったことを言ってしまうのかも？
* 相手がどう思うかを、うまく想像できないのかも？
* 保育者の注意を引くために、わざと悪い言葉を使うのかも？

読み解いてみよう

本人が困っていること

- 見たことや思ったことを言っただけなのに叱られる。
- 相手がどう思うかがわからない。
- 仲のよい友達ができにくい。

周りの子が困っていること

- 悲しくなる言葉を投げかけられる。
- 注意しても聞いてもらえない。
- 意地悪を言われていると思ってしまう。

保護者が困っていること

- 友達を傷つけたり、嫌なことを言ったりして嫌われないか心配。
- 誤解から、友達が遠ざかってしまう。

なぜこうなるの？

相手が嫌がるのがわからない

4、5歳になると相手や状況に応じて「使ってよい言葉・悪い言葉」の分別がつくようになっていきますが、発達障害のある子どもは、相手の気持ちを察するのが苦手なため、思ったままを口にしてしまうことがあります。本人に悪気はないものの、相手が嫌がるとわからずに欠点を指摘する、「デブ」「チビ」などの差別的な言葉を発する、といった状況が起こります。

クラス全体の視点では…

注意を引くための暴言も

発達障害とは関係なく、相手が嫌がることで周囲が反応するのを知っていて、わざと「死ね」「ぶっ殺す」といった過激な言葉や、「ウンチ」「ゲロ」などの汚い言葉を並べるケースもあります。この場合は、保育者は過剰に反応しすぎないで、「嫌な言葉だね」と淡々とその場を受け流しつつ、なぜその子が悪い言葉で注意を引こうとするのか、背景に目を向けてみてください。

保育者の対応のポイント

個別対応 その1
「その言葉はダメ」ときぜんとして伝える

子どもが嫌な言葉を発したときは、その場で「今の言葉は言ってはダメ」ときぜんとした態度で伝えます。「相手の嫌がることを言わない」という表現では、「相手の嫌がること」がＪくんにはわからないので、「友達に『バカ』は言いません。いいね？」と具体的に指導するのがポイントです。

個別対応 その2
相手の子どもの気持ちを伝え、どうすればよかったか具体的に示す

嫌な言葉を言われて傷ついた子どもがいるときは、「ほら見てごらん。困った顔になっているよ」「○○ちゃん、悲しくて泣いているよ」と、相手の表情や感情に意識を向けられるように援助します。人の感情を理解するまでに時間のかかる子どももいますが、根気強く指導を続けましょう。

個別対応 その3
日常生活のなかで「認められる」機会を増やす

日常生活で叱られることが多い子どもや、十分に気持ちを受け止めてもらえない自己肯定感の低い子どもは、暴言などで人の注目を集める行動に出ることがあります。そういう場合は「ほめられる」「認められる」機会をつくることも、精神的な落ち着きにつながります。

インクルーシブな対応1 クラス全体で「うれしい言葉」と「嫌な言葉」を共有する

最近では、「うざい」「死ね」「あっち行け」といった乱暴な言葉を言う子どもが増えています。したがって、クラス全体に向けた言葉の指導が求められます。

例えば、「言われてうれしい言葉」と「嫌な言葉」を紙に列記して掲示し、悪い言葉を使ったときに「その言葉は使わないでね。ここに書いてあるよ」と指し示すのも一案です。

インクルーシブな対応2 言葉に「深い意味はない」ことも。深刻になりすぎないで

Jくんのような子は、友達の描いた絵を見て「鼻がない」などと、見たままズバリを言いますが、「相手を傷つけよう」という悪意や深い意味はなく、そういった言葉を使っていることも多いもの。指摘された友達が鼻を描き足して、もう一度絵を見せると、意外にも「かっこいい」と言うケースもあります。

保育者は道徳的な観点から、悪い言葉に感情的に反応してしまいがちですが、子どもの言葉は、大人の言葉とは少し違うことも知っておきましょう。

Case 11 乱暴な行動が目立つKくん（5歳児）

基本情報

Kくんは5歳の男の子。発達障害の診断はありませんが、幼い頃から公園などで他の子どもとトラブルになることが多かったとのことで、昨年から発達支援センターに通っています。家族は母親と祖父母、小学生の姉の5人。

園での様子

園で時々、乱暴な行動をしてしまいます。先日も、近くにいた子どもの胸をいきなり強く押し、押された子どもが後ろの積み木の上に倒れ、危うくけがをするところでした。他にも椅子を振り上げたり、上履きを投げつけたりしたこともあります。

ここが気になる

* 突然、手や足が出てしまうので予測が難しい。
* 周りの子とよい関係を築くには？
* 保護者との情報共有、保護者支援はどのようにすればよい？

【考えられる要因】

* 発達障害の傾向で、感情のコントロールが苦手なのかも？
* 他の子のことをなんらかの理由で怖い、嫌だと感じているのかも？
* 感情を表現する、他の方法を知らないのかも？

読み解いてみよう

本人が困っていること

- 他の子に嫌なことをされたと被害的に感じる。
- すぐにカッとしてしまう。
- どうしたら自分の気持ちがちゃんと相手に伝わるのかがわからない。

周りの子が困っていること

- 急に押されたり、物を投げられたりするから怖い。
- すぐに怒るので楽しく遊べない。

保護者が困っていること

- 友達にけがをさせることが多く、謝罪ばかりしている。
- 友達に避けられてしまうのでは？
- 他の保護者からも非難の目で見られる。

なぜこうなるの？

ささいなことで一気に感情が爆発

なんらかの発達障害の傾向がある子どもは衝動性が強く、ささいなことで一気に感情を爆発させ、乱暴をすることがあります。また、独特の記憶やこだわりが、乱暴につながることも。ある日突然１年以上前の出来事がよみがえり、「ぼくの悪口を言ったな」と友達につかみかかった例も。また勝敗に強いこだわりがあり、ゲームで負けて「お前のせいだ」と友達を突き飛ばすケースもあります。

クラス全体の視点では…

力加減ができず、他児への被害も

発達障害のある子どもの多くは「ここで強く押したら危ない」といった状況判断が苦手です。また、力加減ができず、全力で相手にぶつかっていくため、力が強くなる４～５歳児にもなると周りが受ける被害も大きくなりがちです。クラスには乱暴を恐れてその子を避ける子どもも出てくることがあるので、被害を受けた子と乱暴をした子の双方に、配慮をする必要があります。

保育者の対応のポイント

個別対応 その1 保育者が体を張って子どもの安全確保を最優先に

友達につかみかかる、椅子のような大きい物を振り回すなど、周囲に危険が及ぶおそれがあるときは、保育者が体を張って止めに入ります。物を投げることがある場合は、周囲の物をどけて投げる物をなくしておく、他の子どもを別の場所に誘導するなどして、安全を確保しましょう。

個別対応 その2 「深呼吸をする」などの具体的な対処法を提案

保育者は、乱暴をする代わりにどのように行動すればよいのかを、根気強く伝えましょう。感情が高まって手や足が出そうになったときに、踏みとどまる方法も具体的に伝えて。「大きく深呼吸をしよう」「手をギュッと握ろう」「歯を食いしばってみよう」など、内側からあふれ出る力を自分で適切に処理するような行動を提案するのも効果的です。

個別対応 その3 気持ちを「言葉で伝える」ための表現を指導

友達を力ずくで押しのけたときは「『通して』って言うんだよ」、友達をたたいたときは「(嫌なことをされたら)『やめて』って言葉で言おうね」と、自分の感情や意思を言葉にできるように繰り返し伝えます。うまく言葉で表現できたとき、乱暴しなかったときを見逃さず、たくさんほめ、認めていくことが大切です。

インクルーシブな対応1 「乱暴な子」という見方が周囲に広がる前に情報発信を

乱暴をする子どもに対して、クラスで「あの子は悪い子・嫌な子」というレッテルが貼られてしまうと、保護者にまでそういう見方が広がります。それで少しずつ、親子ともにクラスに居場所がなくなることがあります。「どうせ先生やみんなはぼくが嫌いなんだ」と自暴自棄になってしまい、さらに問題行動が増える結果になることも考えられます。

乱暴な面だけでなく、Kくんのよいところにも着目し、認める情報を発信していきましょう。保護者を支援することにもつながります。

インクルーシブな対応2 支援機関とも連携し、根気よくよい行動ができるよう指導！

怒りの感情をコントロールする、気持ちをできるだけ言葉にして伝える、といった指導を続けても、乱暴な行動が明らかに少なくなるまでには短くとも数か月、長ければ1年ほどかかることもあります。通っている発達支援センターとも情報を交換しながら、根気強く指導を続けましょう。

友達につい手が出てしまったときも「ぶつ前に、我慢しようとしたのを先生は知っているよ」と小さな成長を認め、応援してあげてください。

Case 12 突然攻撃的になるLくん（4歳児）

基本情報

Ｌくんは２歳で入園し、現在４歳の男の子。家族は両親と妹で、祖父母も同居。４歳を過ぎてＡＤＨＤと診断され、療育センターに通い始めました。

園での様子

落ち着きがなく、なんの兆候もなく目についた子をたたく、ひっかく、かむなど、攻撃的な行動に出ることがあります。１日に何度もトラブルが起こるので保育者が一人つき、手が出る前に止めています。一人で遊ぶことが多く、電車が好きでレールをつなげて遊んでいます。興味のあるなしによって反応がまったく違い、「これがしたい」と思うといつまでも遊び続けて他の行動に移れず、集団行動も困難です。

ここが気になる

* トラブルが起きたときの叱り方や、改善への導き方は？
* 園から保護者に提案をしても、母親は「非難されている」と感じるよう。どう関わればよい？

【考えられる要因】

* 落ち着きがないのは、満足のいく遊びができていないからかも？
* 「友達と遊ぶと楽しい！」という経験があまりないのかも？
* よいとされている具体的な行動がわからないのかも？

読み解いてみよう

本人が困っていること

- みんなが集まる場面が苦手。
- いつも、他の子に嫌なことをされると感じる。
- 友達とうまく関われない。

周りの子が困っていること

- 急に攻撃されるので怖い。
- 思いがけない反応にびっくりする。
- いっしょに遊びたくないと思ってしまう。

保護者が困っていること

- いつも子どもの問題を指摘されるのでつらい。
- 保護者同士のなかで孤立しがち。
- 自分の子育てに自信がもてない。

なぜこうなるの？

衝動性が強く出ているよう

Ｌくんには、典型的なＡＤＨＤの特徴が出ています。好きな遊びを遮られたときやイライラしているときに、人も物も関係なく衝動的に攻撃する、好きなことには集中するけれど、興味のないことには反応しない、といったこともＡＤＨＤの特徴です。ただ、どんな行動にも必ずその子なりの理由があります。まずどういうときに攻撃的になるのか理由や状況を探り、対応を考えましょう。

クラス全体の視点では…

クラスの友達と関われる支援を

発達障害があっても、好きな分野や得意なことを生かして社会で活躍する人もいます。一方で、衝動的で乱暴な言動のせいで周囲の人に嫌われたり、いじめられたりして自己肯定感をもてない人もいます。さらに、うつ病などの精神疾患といった「二次障害」に至ることもあります。保育者は、クラスの仲間がＬくんのよさを認められるような支援をしていきましょう。

保育者の対応のポイント

個別対応 その1 場所や時間を分け、不要な衝突を減らす

朝、登園してきたときに「イライラしているな」と感じたら、周囲に危害が及ばないように別室や外で遊ぶのも１つの手です。また、着替えや手洗いなど、多くの子どもが一斉に行動する場面ではどうしても衝突が多くなるので、発達障害のある子どもにはひと足早く声をかけ、他の子どもと時間差をつけるのも有効です。

個別対応 その2 「ごほうび」や「ほめる」ことで行動を変えていく

衝動的な行動をコントロールするには「ごほうび」が役立つこともあります。例えば、１日友達をたたかなかったらシールを１枚もらえ、10 枚貯まったらごほうびがもらえるという具合です。他に、友達をたたきそうになったときに、振り上げた手を保育者が押さえて予防し、「たたきそうになったけど、たたかなかったね」とほめるのもよい対応です。

個別対応 その3 落ち着いてから「口で言えるとよかったね」と提案

周りの子どもとＬくんがトラブルになったときは、場所を移動して落ち着くのを待ちます。Ｌくんには「たたかないで口で言えるとよかったね」と穏やかに伝えます。同時に、被害を受けた子どもには「怖かったね」と共感しながら、「Ｌくんは、おもちゃを取られると思ったんじゃないかな」と、Ｌくんの気持ちを代弁しましょう。

インクルーシブな対応1

優しい言葉、認める言葉の多いクラスに

発達障害のある子どもと周囲の子どもとのトラブルを減らすには、日頃からクラス全体が優しい穏やかなムードであることも大切です。「やられた」「ダメ」「あっち行け」「バカ」といった殺伐とした言葉が飛び交うクラスだと、なにかと責められることが多い発達障害の子どもは居場所を見つけられません。

「いいよ」「大丈夫」「次、がんばろう」「かっこいいね」などのポジティブな言葉が多いクラス、互いのよさを認め合える雰囲気のクラスをつくりたいものです。

インクルーシブな対応2

保護者が「責められている」と感じないような配慮を

子どものトラブルが多いと、保護者は何度も謝罪を迫られたり、周りの保護者から白い目で見られたりすることも少なくありません。園から話をするときも、保護者が「非難」と受けとらないよう、言葉や対応に十分気をつける必要があります。

また、発達障害のある子どもの保護者は、保護者自身もコミュニケーションが苦手というケースも見られます。父親や祖父母など他の家族にも協力してもらい、園と家庭がチームとなって支援策を考えていきましょう。保護者の了解を得たうえで、Lくんが通園する療育センターとも交流・連携を進めるのも良案です。

Case 13 語彙が少なく、少食なMちゃん（5歳児）

基本情報

Mちゃんは早生まれの５歳の女の子。家族は両親と弟の４人。発達障害の診断はありませんが、少し言葉の遅れがあります。

園での様子

３歳の入園時は二語文が出る程度。友達との会話は難しいことが多いのですが、保育者の話は理解しています。お絵描きや塗り絵が好きで、美しい色づかいで描きます。身体面は、体の軸が安定しておらず、走るときにふらつくことも。手足の力も弱く、靴の面ファスナーをはがせません。食事もかなり少食です。困っている友達に寄り添う姿も見られますが、一方で失敗に敏感で、お茶をこぼしたりすると激しく泣き、なかなか気持ちを立て直せません。

ここが気になる

* 食事量を増やすためにできることは？
* 言葉の遅れに対し、できることは？
* クラス全体で「失敗は悪いことなのか」と考える時間を設けるなどしているが、この対応でよい？

【考えられる要因】

* 全体的に発達がゆっくりなだけかも？
* 体を使った遊びの経験が少なく、体力がついていないのかも？
* 家庭での状況によって、失敗に敏感になっている可能性も。

読み解いてみよう

本人が困っていること

- (体力不足などで) できないことが多い。
- 言葉でうまく気持ちを表現できない。
- いつも自信がなく、不安を感じやすい。

周りの子が困っていること

- 不安そうで、ちょっとしたことで大泣きするので戸惑うことがある。
- いっしょに遊んでも、できないことが多く、遊びが進まない。

保護者が困っていること

- 言葉が少なく、周りの友達との違いが気になる。
- なんでもゆっくりなので、つい手出しや口出しをしてしまう。
- 最近第２子が産まれ、気持ちに余裕がない。

なぜこうなるの？

発達がゆっくりの「気になる子」かも

Mちゃんは、言葉の面ではやや発達の遅れがあるようですが、保育者の話は理解しているようですし、友達を気遣う姿もあるので、言葉の理解力や想像力は育っているように感じます。発達障害というよりも、「発達がゆっくりで、手厚く見ていく必要がある子ども」という印象。早生まれの女の子にはこういうタイプの子どもがときおり見られます。

家庭を通した視点では…

家庭での生活なども確認して

入園前に家庭でどのように過ごしてきたのかも気になります。お絵描きなどの「静」の遊びが中心で、体全体を使った「動」の遊びが少ないため体力がなく、おなかがすかないので食事が進まない、という状況かもしれません。少し心配なのは、失敗に敏感で、気持ちが崩れやすい点です。保護者にも協力してもらい、情緒の安定につながる働きかけを検討しましょう。

保育者の対応のポイント

個別対応その1 話しかけるだけでなく、子どもの話にも耳を傾ける

Mちゃんは保育者の言葉は理解できるようなので、成長につれ、遅れが目立たなくなる可能性も。保育者は、ゆっくり・はっきり話す、「ピカピカ」「ぐんぐん」といったオノマトペを使って話すなどしながら、言葉の刺激を与えましょう。同時に、泣いたあとなどに「そんなふうに思ったのね」とMちゃんの話をよく聞いてあげてください。

個別対応その2 「体を動かすとおもしろい」という感覚を育てたい

体や手足の力をつけるには、体全体を使った遊びを増やしましょう。最初は追いかけっこやおにごっこといった単純な遊びでOK。ぶらんこや滑り台を怖がるときは、保育者がだっこしてもよいですし、砂場遊びが好きなら、バケツに水をくんで砂場まで運ぶなどいろいろな方法があります。Mちゃんが「体を動かすとおもしろい」という感覚をもてるように工夫してみましょう。

個別対応その3 当たり前のこともほめ、「成功体験」を増やす

Mちゃんが失敗に敏感というのは、感受性が強く、ちょっとしたことで自己否定をするからかもしれません。園生活で成功体験を増やし、自己肯定感をもてるように支援しましょう。「(絵が) すてきな色ね」とよい点をほめるだけでなく、「お茶を上手に持てたね」「きょうはいっぱい笑ったね」「完食できたね、がんばりました!」などとささいなことも認めていくと、子どもは自分に自信がもてるようになります。

インクルーシブな対応1 クラス全体で、前向きな言葉をかけ合える雰囲気を育てる

Mちゃんのように失敗に敏感な子どもがいる場合、クラス全体に対して「失敗は悪いことではない」と話すのもよいことです。

発達に遅れがあると、失敗やできないことが目立ちやすいものですが、「失敗しても大丈夫」「またがんばればいい」とクラスで前向きな声をかけ合えるようになると、それが発達に遅れのある子にもない子にも、よい影響を与えます。

インクルーシブな対応2 Mちゃんの気持ちの安定のため、保護者との話し合いを

Mちゃんの気持ちの崩れやすさの背景について、もう少し保護者と話し合う必要があるかもしれません。弟が生まれて不安定になることもありますし、母親の何気ない言葉が、感受性の豊かなMちゃんには強い叱責と感じられる、という可能性もあります。園でしている対応を保護者に伝える他、家ではどんなときに気持ちが崩れるのかを尋ねるなどして、園と家庭とで情報を伝え合い、協力していきましょう。気持ちが安定し、体力もついてくると、少食も少しずつ改善されるかもしれません。

Case 14 偏食が激しくじっとしていられないNくん（4歳児）

基本情報

Nくんは４歳の男の子。共働きの両親とNくんの３人家族です。専門機関から「発達が遅いかも」と一度だけ言われたことがあります。

園での様子

偏食が激しく、食べられるのはパンや肉類が中心で、食事中はじっとしていられず、棚の上などに登ってしまうこともあります。遊びでは、ブロックをジャラジャラして音を鳴らしたり、戸外で「待て待てして」と言って、追いかけっこを楽しんだりします。一方で、集団での活動を嫌がって別行動をとることが多く、履物を履くことや、スピーカーの音を嫌う一面もあります。

ここが気になる

* 落ち着きがなく、生活が安定しない。
* 保護者が、子どもの発達の遅れを認めたくないようですが？

【考えられる要因】

* 大きい音が苦手で偏食なのは、聴覚や触覚、味覚の過敏があるから？
* クラスでしていることが理解できないのかも？
* 発達の遅れの他、自閉症スペクトラム障害の傾向があるのかも？

読み解いてみよう

本人が困っていること

- みんなといっしょにじっと座っていることが苦手、嫌だ。
- よく「ダメ」と止められる。
- 大きな音や履物の感触が耐えられない。

周りの子が困っていること

- 食事をしていても落ち着かない。
- 別行動になり、いっしょに遊べない。
- 活動や行事の練習などが、Nくんのために止まってしまうことがある。

保護者が困っていること

- 周りの子と違うことが不安。
- 発達の遅れや障害の傾向を、人から指摘されたくない。
- 自分の育児に自信がもてない。

なぜこうなるの？

社会性や状況判断の力に弱さがありそう

Nくんは、発達障害の1つの自閉症スペクトラム障害の傾向があるのではないかと考えられます。自閉的な傾向があると、人とコミュニケーションをとる力や状況を把握する力が育ちにくく、ブロックなどの細かい物に触れたり、音を鳴らしたりする感覚遊びを好むことがよくあります。靴箱などに登るのも、落ちたらどうなるかを想像できないためです。

また、感覚の過敏も強く出ています。偏食が激しい、履物が嫌いというのは触覚の過敏さ、大きな音が苦手なのは聴覚の過敏さの表れでしょう。Nくんは言葉や知的な発達も、実年齢より1～2年遅れがあるようですから、Nくんにわかりやすい関わり方を検討し、行事も含めて活動の仕方を工夫し、参加できる活動の幅を広げていきましょう。

保育者の対応のポイント

個別対応 その1
感覚の過敏さによる苦手や困難を理解する

通常の感覚の人にとってはなんでもない音が、不快、あるいは大きな音量と感じる子どもがいることを知っておきましょう。聴覚過敏は、サイレン音やスピーカー音などが苦手な場合がよくあります。音や匂いが嫌なときは、離れた場所へ移動させる、前もって知らせて気持ちの準備をさせるなど、安心できる関わりを心がけましょう。

個別対応 その2
行動と結果（危険）を関連づけて伝える

棚や靴箱などの高い所に登ってしまい、危険があるときは、棚に「×」の絵を貼るなど、その行動はダメということを視覚的に繰り返し伝えます。

「危ない行動をするとどういうことが起こるのか」を伝える方法もあります。「高い所に登る→落ちる→けがをする」というように、行動と予想される危険な結果を絵などで見せて両者の関連を伝えると、判断する力が養われます。

個別対応 その3
行事はその子の「ねらい」をはっきりさせて取り組む

Nくんにできる方法で、少しずつ行事参加を進めましょう。園全体の発表会は無理でも、少人数の仲間とダンスができるのなら、本番前にミニ発表会をして、保護者に見てもらう方法もよいでしょう。去年舞台に立てなかったのなら、今年は「みんなと舞台に立つ」がねらいでもよいのです。スモールステップで「できる」「楽しい」体験を増やしましょう。

インクルーシブな対応1 「子どもの話」以外の話題で、保護者と信頼関係をつくる

Nくんの家庭もそうですが、保護者にはわが子の発達の遅れを認めたくない気持ちがあることも多いものです。そういう場合、保育者に対して「子どもの遅れを指摘されるのが怖い」「自分の子育てが悪いと非難されるのでは」と身構えてしまい、コミュニケーションがとれなくなることもあります。

そういうときは「子ども以外の話題」で会話してみてください。保護者の髪型や服装の話、町の話題など、一人の大人として話しやすい雰囲気をつくると、保護者も本音を出しやすくなります。

インクルーシブな対応2 「どうしたら納得できるか」を考えることでクラスが成長

クラスに発達障害の子どもや気になる子がいると、行事などの際に「Nくんがいると競走で負けるから嫌だ」と不満を訴える子どもが出てくることがあります。

そういう、クラスの子どもの意見もすぐに否定しないことが大切です。気になる子のために他の子どもに我慢を強いるのではなく、気になる子もクラスの仲間も「どうしたら納得できるか」を考え、意見を出し合っていくことが、クラスを成長させます。

Case 15 自傷行為があるOくん（3歳児）

基本情報

Oくんは３歳の男の子で、両親との３人家族。１歳時から視線が合わないなど気になる様子があり、２歳で専門機関にて自閉症スペクトラム障害との診断。療育センターにも通所中。

園での様子

単語も含め発語はなし。食欲は旺盛で体格はよいのですが、苦手な肉類などは口にせず、好きな果物は他の子どもの分まで食べようとすることも。遊びでは水遊びが大好きです。機嫌がよいときは、保育者に「おんぶ」をせがみますが、機嫌が悪いときや嫌なことがあると顔を手でたたく、頭を床や壁に打ちつけるなどの自傷行為をします。

ここが気になる

* よりよい援助の方法があるのでは？
* クラスの子どもたちにOくんをどう理解してもらえばよい？
* 体格のよいOくんが安心する「おんぶ」が、保育者にとっては負担となる面も。

【考えられる要因】

* 自閉症スペクトラム障害の特徴が強く出ているよう。
* 偏食は、舌や匂いへの感覚過敏が原因のことも。
* 不安な気持ちを伝えられず、自傷行為をするのかも？

読み解いてみよう

本人が困っていること

- 不安や緊張を感じやすい。
- なにをしてよいかわからないことがある。
- 自分の気持ちを伝えられない。

周りの子が困っていること

- 頭を打ちつけるなどの行為に、びっくりしてしまう。
- 1つの物にこだわって触り続けるなどの行動が、理解しにくい。

保護者が困っていること

- 集団生活で周りの子どもや保護者に受け入れてもらえるか、不安。
- 発達がゆっくりで、わが子の成長や育児の手応えを感じにくい。

なぜこうなるの？

自傷行為は自閉症スペクトラム障害の症状の1つ

Oくんはすでに自閉症スペクトラム障害の診断を受けており、その症状の1つとしてまったく発語がないようです。Oくんは言葉という表現のスキルをもたない世界にいるわけで、周囲の人には理解が難しいこともあるでしょう。偏食の原因と考えられる感覚過敏は、「感覚→脳→体」の伝達や指令がうまく働かないために起こるといわれています。この「感覚の違い」は他の人が見てもわからないため、周囲の理解が得にくく、また練習や訓練で改善するものでもありません。また、自閉症スペクトラム障害の子どもの自傷行為は、自分の思いが通らないとき、不安や緊張が強いときに起こる症状の1つです。キラキラする物、ツルツル、フワフワした物を触るときも、不安や緊張が強いことが多いようです。保育者だけで全て解決しようとせず、療育の専門家にも指導を仰ぎながら、対応を検討していきましょう。

保育者の対応のポイント

個別対応 その1 好きな遊びや興味をもった物を通じて言葉に触れる経験を

言葉が出なかった自閉症スペクトラム障害の子どもでも、好きな物や遊びを通じて、少しずつ言葉を獲得していくケースがあります。例えば、水遊びに合わせてジャージャーといった発音しやすい言葉を繰り返していくと、言葉の獲得につながりやすくなります。物や行動を描いたカードを見せながら、同時にその物や行動を言葉で伝える方法もあります。

個別対応 その2 自傷行為は、静かに止めるのがこつ

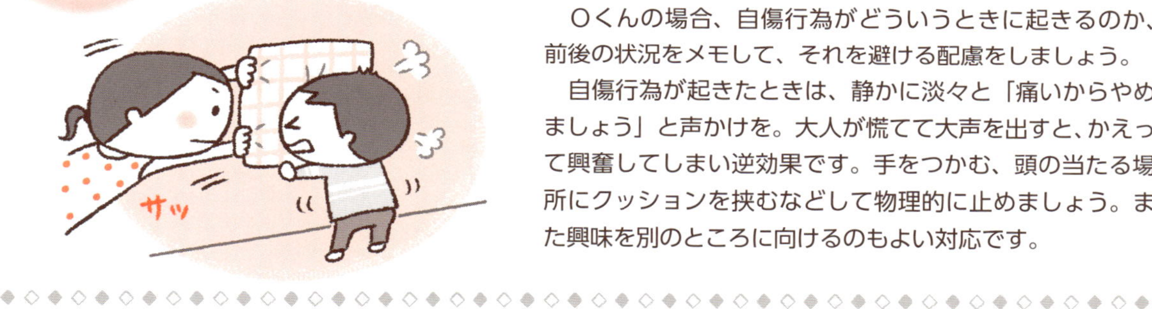

Oくんの場合、自傷行為がどういうときに起きるのか、前後の状況をメモして、それを避ける配慮をしましょう。

自傷行為が起きたときは、静かに淡々と「痛いからやめましょう」と声かけを。大人が慌てて大声を出すと、かえって興奮してしまい逆効果です。手をつかむ、頭の当たる場所にクッションを挟むなどして物理的に止めましょう。また興味を別のところに向けるのもよい対応です。

個別対応 その3 保育者の負担にならない「安心の体勢」を模索

Oくんは「おんぶ」が好きで一番安心するようですが、体格が大きくなると保育者の負担も大きくなります。おんぶが好きなのは自分の体の前側が保育者と密着していると安心するからかもしれません。保育者が床に座り、背中に子どもが覆いかぶさって過ごすのも一案です。また、子どもが壁を背にして座り、そこへ保育者が背中からそっと寄りかかると、密着感があり安心する場合もあります。

インクルーシブな対応1 クラスの子どもには、Oくんのよさを伝える

クラスの子どもたちに理解してもらうには、Oくんのよいところをたくさん伝えましょう。保育者が「Oくんがプールでこんな遊びをしていたよ、すごいね」「水たまりが好きだから、雨上がりがうれしそうだね」と話せば、子どもたちもOくんに関心を寄せるようになります。

さらに、Oくんと波長の合う子を見つけ、体を動かしていっしょに遊ぶ時間をもつようにすれば、Oくんが園の居心地のよさや他の子どもと遊ぶ楽しさに気づくことも期待できます。

インクルーシブな対応2 保護者に間に入ってもらい、療育と園の連携を強化して

自閉症スペクトラム障害の症状が強く出ている子どもへの対応には、療育センターなどの専門家との連携が不可欠です。保護者に間に入ってもらい、園と専門家との連携をより深めていきましょう。

保育者が療育センターに出向いて教室でのOくんの様子を見せてもらう他、療育の指導者に園に来てもらい、園生活での疑問や困っていることを相談するのも有意義です。園と保護者、療育センターの三者で互いに協力し合って、子どもの成長を見守りましょう。

Case 16 知的な遅れを感じるPちゃん（2歳児）

基本情報

０歳で入園し、現在２歳６か月の女の子。発達障害の診断はありません。家族はＰちゃんと、他の保護者よりも年齢が高い両親との３人です。

園での様子

Ｐちゃんは保育者とは簡単な会話ができますが、知的な遅れを感じます。環境の変化に弱く、不安なことがあると跳びはねたり、自分の髪をぐしゃぐしゃにしたりします。特に、集団活動では周りの子どもの声などに敏感で、じっとしていられません。また、ままごと遊びが好きで集中して遊びますが、友達が近づくとかみつこうとしたり、ひっかいたりすることも。つま先立ちで歩く姿もよく見られます。

ここが気になる

- 「気になる子」と「軽度の発達障害」の違いは？ 早く診断を受けるべき？
- 年齢や性格により、他の保護者との交流が難しい保護者への対応は？

【考えられる要因】

- 不安や緊張を感じるのは、知的な遅れがあるからかも？
- 不安が強いのは、自閉的な傾向がある可能性が。
- 聴覚が過敏で、ザワザワした声がとても不快で不安になるのかも？

読み解いてみよう

本人が困っていること

- 慣れない環境がとても怖い。
- 大きな音やザワザワした感じが嫌。
- 他の子が自分になにをするかわからず、不安。

周りの子が困っていること

- 急にかみつかれたり、ひっかかれたりするので怖い。
- よくわからない行動が多く、戸惑う。

保護者が困っていること

- わが子への対応の仕方がわからない。
- 他の保護者から謝罪を求められる。
- 保護者のなかで孤立しがち。

なぜこうなるの？

自閉傾向からみられる行動かも

2歳半では発達障害の正確な診断は難しいですが、Pちゃんには自閉傾向のある子どもに特徴的な姿がみられます。跳びはねる、髪をぐしゃぐしゃにするなどの「常同行動」は、自閉傾向のある子どもが不安なときや、なにかを訴えたいとき、退屈しているときなどによく見せる行動です。聴覚や視覚の過敏さ、つま先立ちで歩くのも、自閉傾向のある子どもに特有の姿です。

クラス全体の視点では…

診断の有無よりも、その子理解を

保育者から見て気になる行動は、子どもが「困っている」サインでもあります。発達障害の診断の有無にかかわらず、そのときその子に必要な支援を考えることが大切です。またPちゃんの家庭のように、保護者の年齢が周りと離れていると、興味や関心、体力などの違いから他の保護者と話が合わず、孤立しがちです。子どもとあわせて保護者への支援も必要です。

保育者の対応のポイント

個別対応 その1 常同行動が出る要因を特定し、取り除いて

常同行動は、子どもが不安な気持ちや緊張を和らげるためにしている行動なので無理にやめさせなくてもOK。ただ、どういう場面でその行動が出るのかをよく観察し、Pちゃんが不安や緊張を感じる要因は、できるだけ取り除くように配慮します。集団活動のザワザワした音が苦手であれば、静かに遊びに打ち込める環境を用意しましょう。

個別対応 その2 保育者がいっしょに遊び、周りの子どもとの橋渡しを

Pちゃんがままごと遊びをしていて、友達が近づくと、かむ、ひっかくなどの行動をとるのは「自分の遊びを邪魔される」という緊張や不安があるから。こういう場合はPちゃんのままごと遊びに保育者が入り、近寄って興味を示した子どもとPちゃんの間を取り持ちつつ、いっしょに遊びます。Pちゃんが他の子どもを「楽しく遊べる仲間」と理解できれば、友達との関係も深まります。

個別対応 その3 診断名がつけばよい、というわけではない

保育者は「できるだけ早く発達障害の診断を受け、早めに専門的な支援を始めた方がよい」と考えがちです。確かに、専門家は早期発見・早期対応を強く勧めることがありますが、たとえ診断名が同じでも、子どもによって個性があるため症状は一人ひとり異なります。やはり診断を受けることを優先せず、「この子はなにが好きでなにが嫌いか」「園生活でどんなことに困っているのか」などの「子ども理解」を基礎に、対応を考えましょう。

インクルーシブな対応1 担任が一人で抱え込まず、保育者間で役割分担を

Ｐちゃんのように自閉傾向のある子どもは、不思議と相性がよい人とそうでない人がいるものです。保育者のなかでもＰちゃんにとって「この人は安心できる」という人がいれば、どんどん保育に入ってもらいましょう。

また、自閉傾向のある子どもの保護者は、自身もコミュニケーションが苦手な例がよくあります。担任だけでは対応が難しいときは、主任や園長などの力を借り、職員同士で力を合わせて対応しましょう。

インクルーシブな対応2 保護者にまめに声かけをし、周りの保護者にもつなげて

Ｐちゃんの家庭のように、保護者の年齢が周りと違うと、保護者同士の情報交換も少なくなり、育児スキルも低いままになりがちです。そういう保護者には、保育者からまめに声かけをしましょう。日頃している育児のよい点は具体的にほめ、保護者が子育てに自信をもてるよう促します。

また、保護者会などの際に、住まいの近い人を紹介するなど、保護者同士の会話のきっかけを積極的につくりましょう。

Case 17 意思疎通が難しく、こだわりの強いQくん（4歳児）

基本情報

Qくんは４歳の男の子。自閉症スペクトラム障害との診断を受け、発達支援センターに通っています。家族は両親とQくんの３人。

園での様子

机や椅子の上など高い所に登り、大声を出す他、水に興味があって手洗い場やトイレで水遊びをすることもあります。まだおむつを着用しており、紙おむつの綿を取り出して遊ぶ、おむつから性器を出していじるなどの癖も。生活面では排泄の自立の遅れ、ごはんを勢いよくほおばる、などの姿が見られます。言葉は出るものの、周囲に伝わらず泣いてしまうことも。

ここが気になる

* 「ダメだよ」「危ない！」と注意しても聞かない。
* 性器いじりの癖はやめさせるべき？
* 言葉が通じないのが悩み。どのようにコミュニケーションをとればよい？

【考えられる要因】

* 全体的に自閉症スペクトラム障害の特性が強く出ているよう。
* 保育者の言葉や指示が理解できていないのかも？
* なにをしてよいかわからない時間や、不安になる時間があるのでは？

読み解いてみよう

本人が困っていること

- 「ダメ」と制止されることが多い。
- 保育者の言っていることがわからない。
- 園生活のなかで、常に不安や緊張を感じている。

周りの子が困っていること

- 行動や気持ちがわかりにくい。
- 反応が読めないので、関わり方がわからない。

保護者が困っていること

- 発達障害を周りの人に理解してもらえるか不安。
- 子どもとはよく関わっているものの、どう育てたらよいか、迷いがち。
- 成長の見通しがもちにくい。

なぜこうなるの？

自閉症スペクトラム障害の特徴が

Qくんには自閉症スペクトラム障害の特徴が強く出ています。高い所に登るのは、状況判断が苦手で危険という認識があまりないからでしょう。水遊びのような感覚遊びが好き、紙おむつの綿など特定の物にこだわりがある、などもよくある特性です。また、感覚の鈍さや不器用さもあり、ごはんを口に入れすぎてむせる、着脱や排泄が身につきにくい、といったケースも。

クラス全体の視点では…

孤立してしまわないように注意

自閉症スペクトラム障害の子どもは、他の子どもとは異なる独特の感覚や世界観をもっています。そのために集団活動に入れず、ともすると加配の保育者とその子の二人きりで、クラスの子どもとは別に過ごすパターンになりがちです。しかし、それではクラスの子どももQくんとの接点をもてず、ますます孤立が深まるという悪循環になります。

保育者の対応のポイント

個別対応 その1
指示は「視覚的」に。楽しめる遊びの環境を用意

発達障害のある子どもは、言葉よりも視覚的な情報の方がよく理解できるケースが少なくありません。高い所に登る、手洗い場で水遊びをするなど「してほしくないこと」は、例えば、蛇口の絵に「×」を描いて掲示する、カードを見せるなど、絵や写真、記号などで伝える方法を検討してみてください。

個別対応 その2
気になる癖は前後の状況をメモしておき、対策を

気になる癖が、いつ、どういう状況で出るのか、観察して前後の状況をメモしておきましょう。性器いじりは、なにをしたらよいかわからないといった退屈なときか、緊張が強いときに起きやすくなります。退屈そうなときは、手をつなぐなどして、癖を遠ざけます。緊張が強い場合は、不安を取り除くよう心がけましょう。

個別対応 その3
子どもといっしょに過ごして気持ちのつながりを築く

保育者がQくんといっしょに過ごす時間をもっとつくりましょう。Qくんがなにに興味があり、なにが楽しくてなにが嫌なのか。それを体感すると、「困った行動」に見えていたことも、「Qくんはこれが楽しいからやっているんだ」と理解できるようになります。こうして信頼関係ができてくると、少しずつ言葉や行動、合図などでコミュニケーションがとれるようになっていきます。

インクルーシブな対応1　好きな遊びや得意なことをクラスの子どもたちに伝える

　自閉症スペクトラム障害のある子どもは独特の世界観をもっていますが、周りの人に自分を理解してもらうとうれしいという気持ちは、他の子どもと変わりません。

　Qくんが高い所に登って大声を出すのは「自分を見てほしい」「認めてほしい」という気持ちの表れということもあります。

　Qくんの好きなこと、得意なことをクラスの子どもに積極的に伝え、保育者が他の子どもとの橋渡しをしていきましょう。

インクルーシブな対応2　保護者と情報を共有して「よいところ探し」をする

　Qくんの場合、両親が子どもとよく関わっているということですから、保護者にQくんの「好きな遊び」や「集中して取り組むこと」「かわいいところ」「よいところ」を聞いてみてください。保護者と情報を共有し、Qくんの“よいところ探し”をしていくと、保育の充実につながるヒントが必ず出てきます。

　同時に、保護者にお願いしてQくんが通っている発達支援センターを訪問させてもらい、施設でのQくんの姿を見せてもらうと、保育で活用できるヒントがあるはずです。

Case 18 生活習慣が身につかないRくん（4歳児）

基本情報

Rくんは4歳の男の子。発達障害の診断はありませんが発語が遅く、療育センターに通い始めました。家族は両親と祖父母で、共働きの両親に代わり祖母が世話をしています。

園での様子

登園後に上履きに履き替える、かばんを置くなどの支度ができず、生活面の遅れが見られます。自由活動はほぼ一人遊び。室内をブラブラし、窓ガラスに映る自分を見て楽しんでいることも。戸外では砂を高い所から落として遊んでいます。水をこぼしたなど突発的な出来事でパニックになることがあり、泣きながら「あー、うー」と声を出し、机の下に隠れたりします。

ここが気になる

* 朝の支度が身につかない、ときどきパニック状態になる。
* 集団生活のなかで全体を見ながら、Rくんにも対応していくには？
* 友達との接点をどうつくる？

【考えられる要因】

* 発達が実年齢よりも大きく遅れているのかも？
* 物の名前やしくみなどが、わからない可能性も。
* 園の環境が合っていないのでは？

読み解いてみよう

本人が困っていること

- なにをして遊んでよいかわからない。
- 急な変化に、強い不安を感じてしまう。
- 気持ちをうまく表現できない。

周りの子が困っていること

- 関わり方がわからない。
- 急にパニックになるので驚いてしまう。
- 会話がほとんどできないので困る。

保護者が困っていること

- わが子への接し方がわからない。
- 育児に自信をもてない。
- 働く自分に代わり、子どもの世話をしている祖母に遠慮がある。

なぜこうなるの？

発達が１～２年遅れている印象。実態を理解して対応を

Ｒくんの発達は実年齢より１～２年遅れている印象です。「あー、うー」などの発語もそうですし、ガラスに映った自分の姿で遊ぶのは１～２歳児が好む遊びです。４歳頃は、仲間とやり取りをして発展させる遊びが楽しい時期ですが、Ｒくんにはみんながなにをしているかわからないため、一人遊びになってしまいます。

よくパニックを起こすのは、身の回りの物のしくみや意味を理解できていないため、予想外の展開に混乱するからでしょう。朝の支度にしても「わかっていてやらない」のではなく、まだ「わからない・できない」状態です。３～４歳児といっしょの行動が求められる今の生活は、Ｒくん本人にとって困難が多いはず。Ｒくんの本当の発達段階を踏まえて、対応策の検討が必要です。

保育者の対応のポイント

個別対応 その1 身の回りの物を理解し、自分で動けるように

朝の身支度ができないのは、Rくんのなかで、まだ物の名前と実物がつながっていないからかもしれません。まず靴やかばん、ズボンなど、園の生活で使う物の名前をていねいに教えましょう。話し言葉だけでは頭に入りにくいようなら、「靴」と言いながら写真や絵を見せるなど、視覚情報も活用します。物の名前と実物がつながれば、Rくんが自分で動ける場面も増えるはずです。

個別対応 その2 パニックはなるべく避けるよう配慮する

パニック状態になった時に保育者が声をかけ続けると、子どもは一層混乱します。まずは、落ち着くまで待ちましょう。落ち着いたら、「なにか嫌なことがあったんだね」「大丈夫、先生がいっしょだよ」などと安心する言葉をかけながら、そのときの気持ちやなにに困っているのかについてよく観察し、パニックがなるべく起きない配慮につなげましょう。

個別対応 その3 1～2歳児クラスで過ごす時間をつくるという方法も

Rくんの発達状況からすると、今の4歳児クラスでの生活は、活発に活動する周りの子どもとペースが合わず、緊張を強いられている可能性があります。むしろ、低年齢のクラスの方が落ち着いて遊びや生活を楽しめるかもしれません。1～2歳児クラスの保育者と協力し、そこで過ごす時間をつくってみるのもよいでしょう。

インクルーシブな対応1　療育センターで楽しんでいる遊びを保育に取り入れてみても

Ｒくんが最近通い始めた療育センターとも、積極的に連携していきましょう。保護者に了解を得て施設を見学し、そこでしている遊びや活動をできる範囲で保育に取り入れてみてください。そうするとＲくんも楽しめる時間が増え、他の子どもたちがその遊びに興味をもって寄ってくれば、子ども同士の交流にもなります。

インクルーシブな対応2　祖母でなく、両親が育児の中心になるように支援する

Ｒくんの家庭では共働きの両親に代わり、祖母がＲくんの送迎や世話をしています。こうしたケースでは、主となって生活のやりくりをしている祖母が体調を崩すと、一気に家庭生活が乱れるリスクがあります。やはり、両親もしくは母親が育児の中心になり、家族が協力する態勢にすることが大切です。

子どもと接する時間が少ない母親は育児に引け目を感じがちですが、「こういう言い方をすると伝わりやすい」など園での取り組みを伝え、親が自信をもって子どもに向き合えるよう支援しましょう。

Case 19 家庭での養育が気になるSくん（5歳児）

基本情報

５歳児のＳくんは３人兄弟の末っ子です。父親は多忙、母親は精神的な疾患をもっており、送り迎えは近所に住む祖母が行っています。

園での様子

生活面、運動面での発達の遅れが気になるＳくん。朝から元気がなく、眠そうにして友達との遊びについていけない姿が見られます。朝食を食べていないことが多く、給食室からバナナをもらって食べさせたこともあります。また、爪が長いままだったり、毎日同じ服を着ていたり、入浴をしていない様子も…。保護者からの連絡なしに欠席することもあり、とても心配です。

ここが気になる

* 園・保育者が家庭の養育にどこまで踏み込んでよいのかわからない。
* 母親や祖母、また父親との関係をどのようにつくっていけばよいか、わからない。

【考えられる要因】

* 精神的な疾患を抱える母親が、子どもの養育にまで手が回っていない。
* 生活リズムや朝食の大切さを保護者が理解していない。
* 祖母や父親が、母親の代わりの役割を果たせていない。

読み解いてみよう

本人が困っていること

- 空腹で元気が出ない。
- 本当はもっと遊びたいけれど、遊びについていけない。
- 生活の仕方がわからず戸惑う。

周りの子が困っていること

- いつもゴロゴロして元気がない。
- 遊びに誘っても断られる。
- 服や体の汚れが気になる。

保護者が困っていること

- ちゃんと子育てをしないといけないけれど、気持ちや体力に余裕がない。
- 気持ちが不安定で、担任から子育てや生活のことで指摘されるのがつらい。

なぜこうなるの？

保護者が自分のことで手いっぱい

こういったケースでは、保護者が子育てや生活に行き詰まりを感じているけれど、ＳＯＳを出せずにいることが多いようです。まずは「親子ともに基本的生活習慣を身につけること」「毎日登園すること」を目指し、生活を立て直す必要があります。園長や主任などと相談し、地域の保健センター・児童相談所などへつないでバックアップを受ける必要もあるかもしれません。園からの要望や話し合いを、母親が受け止められない場合は、父親や祖母とその役割について話し合う必要もあります。その際の祖母、父親との会話や、普段の関わりでのＳくんとの会話のなかに母親の話題を出せば、“園は母親のことを常に気に留めている”というメッセージが家族に、そして母親にも伝わります。母親が子育てを楽しみ、子育てに自信をもつことができるよう働きかけましょう。

保育者の対応のポイント

個別対応 その1 朝食は1日の活力。給食室との連携を

園によって方針はさまざまですが、朝食を食べていない子がいる場合、給食室と連携してバナナや牛乳などを個別対応で与えるなど、できる範囲で配慮します。ただし、「園でもらえるから家ではいらないよね」と解釈してしまう保護者もいるため、朝食は子どもにとって必要な物であること、またバナナ１本からでもよいことなど、保護者ができそうなことを具体的に知らせるのも大切です。「朝食簡単レシピ」などが書かれた給食室だよりなどを渡すのもよいでしょう。

個別対応 その2 生活リズムの崩れは保護者と話し合って

睡眠や清潔を保つといった家庭での生活について、園から細かくアドバイスをすると、保護者がさらに萎縮してしまう可能性があります。そのため、なぜそれが子どもに必要であるかを、わかりやすく伝えることが求められます。「早く寝られたら、Ｓくんはもっと元気に友達と遊べますよ」「お風呂に入ったらさっぱりして気持ちがいいですよね」と、やってほしいことを伝えるのも良案です。また、改善できたときはともに喜び、ほめることを忘れずに。

個別対応 その3 「先生に頼っていいんだ」と思える愛着関係を築く

保護者に思う存分甘えられなかったり、大人に気持ちやお願いしたいことを伝えられなかったりする子どもは、常に強い不安を感じています。そのような子どもにとって、園が安心できる場になれるよう、十分な配慮が必要です。まずは保育者が家庭的な雰囲気で受容的に関わり、その子の思いを受け止めましょう。このとき、まずは特定の保育者が良好な関係をつくることを念頭に置いて関わり、その子が安定してきたら他の保育者との関わりも少しずつ増やしていくとよいでしょう。

インクルーシブな対応1 園全体の課題として取り組み、複数の目でフォローを

育児や生活に行き詰まっている保護者と話し合うことは、簡単ではありません。まずは園長や主任に相談をし、園全体の課題として方針を固めましょう。

また、精神的な疾患を抱えている保護者への対応は、非常に難しい面があります。保育者に対して過度にコミュニケーションを求めたり、あるいは逆に避けたりするなど、通常の保護者支援の範ちゅうを超える場合もあります。保育者はチームとなって複数で母親の気持ちを捉えたり、コミュニケーションを図ったりすることも検討しましょう。

インクルーシブな対応2 「Sくんも大切なクラスの一員」と、保育者が態度と言葉で示していく

子ども同士であっても、友達の体の臭いや汚れを気にすることは大いにありえます。また、はっきりしない理由での欠席が多いことに気づく子どももいるでしょう。

それでも、Sくんが登園したときには保育者が喜び、園全体でさりげなく生活をサポートし、大切なクラスの一員であることをおおらかな態度で示していけば、その空気は子どもたちに必ず伝わります。クラスのみんながSくんを受容し、「そういうものだ」と思って自然につきあっていけるようになれば、Sくん自身にとって園そのものが居心地のよい場所になることでしょう。

Case 20 外国人で来日したてのTちゃん（3歳児）

基本情報

３歳児のＴちゃんは半年前に海外から来日し、両親ともにアジア系の外国人です。両親もＴちゃんもほとんど日本語が話せない状態ですが、知人の方を介して入園しました。

園での様子

Ｔちゃんは最初こそ緊張した様子でしたが、友達といっしょに遊んでいるうちに打ち解け、笑顔も見られるようになってきました。登降園時は母親が送迎に来ていますが、保育者もたどたどしい英語で伝えるのに精いっぱいで、Ｔちゃんの園での様子やお願いしたいことなど、細かい情報伝達が難しいのが現状です。

ここが気になる

* 外国人の保護者への情報伝達は、どのようにすれば？
* 日本語を話せない子どもに、日本語で保育をしてよいの？

【このテーマの課題】

* 留学、就労などで日本に滞在する外国人家族が増えている。
* 日本語を話せない子どもや、保護者への支援の方法がわからない。

読み解いてみよう

本人が困っていること

- 周りで話している言葉がわからない。
- 入園当初は、わからないことばかり。
- 生活習慣や文化の違いから戸惑うことがある。

保護者が困っていること

- 言葉によるコミュニケーションが難しい。
- 生活習慣や文化の違いにより、わからないことや戸惑うことが多い。
- 持ち物や行事の内容がわからず、どうすればよいか戸惑ってしまう。

なぜこうなるの？

外国人親子への支援が確立されていない

最近はTちゃんの家庭のように両親がともに外国人という家族も急増しており、改訂された幼稚園教育要領にも「海外から帰国した幼児や生活に必要な日本語の習得に困難のある幼児の幼稚園生活への適応」といった内容が盛り込まれています。しかし、どのように支援するかについては各園に任されている面が多く、市町村による支援も自治体ごとに対応が異なっているのが現状です。

家庭を通した視点では…

保護者の意向、希望はまちまち

外国人の子どもは、周りの子どもたちとの遊びを通じて園生活に慣れますし、生活に必要な言葉もすぐに覚える傾向があります。ただし保護者の場合、日本語習得の意欲の有無も人によりさまざまです。日本語を覚えて日本で暮らしたいという人もいれば、日本にいるのは一時のことで、いずれは母国に帰るので日本語習得は必要ないと考える保護者もいます。

保育者の対応のポイント

個別対応その1 保護者の納得があれば日本語による保育でOK

日本語を話せない子どもがいると、日本語で話しかけてよいのかと悩む保育者もいるかもしれません。しかし、入園時に保護者に説明をして納得を得れば、日本語での対応でかまいません。英語での指示や通訳を希望されても、それができる職員がいなければ対応は難しいもの。各園の事情に応じて対応を考えましょう。

個別対応その2 持ち物については、写真や実物を見せると伝わりやすい

日本語が通じないことで、活動や行事に必要な持ち物の連絡が保護者に伝わらず、忘れ物が多くなることがあります。そういう場合は、保護者に写真や実物を見せて説明をすると伝わりやすくなります。提出書類などは、せめて英語表記を添えて保護者に渡しましょう。また、積極的に自治体の窓口に問い合わせるなど、多面的にサポートしましょう。

個別対応その3 スマートフォンの翻訳アプリなども活用して

「保護者に伝えたいことがあるけれど、英語やタイ語で表現できない！」というときは、スマートフォンの翻訳アプリなども活用しましょう。園生活の様子についても、動画や写真を撮って見せれば、保護者にわが子の様子がよく伝わります。ＩＴ機器や便利なサービスをどんどん活用して、コミュニケーションを深めてください。

インクルーシブな対応1

外国人の子どもの母国への理解が深まる活動を

子ども同士は遊ぶことですぐに仲よくなりますが、やはり文化や生活習慣の違いはどうしても存在します。その子どもの母国について理解が深まるような取り組みを、上手に活動に盛り込みましょう。その国の挨拶、遊び、食べ物、国歌・国旗を掲示する、国の名前や「ありがとう」といった挨拶をみんなで復唱するなど、各園で工夫しましょう。

インクルーシブな対応2

自治体にも積極的に相談し支援を受ける

外国人親子の支援に関わる相談窓口を設けている自治体も増えています。日本語教室を開催する、通訳・翻訳ボランティアを派遣するといったサービスがある自治体もありますから、積極的に相談に行きましょう。

特に保育所では、保育所の機能の1つである「子育て支援」で、「外国籍家庭の支援」も重視されるようになってきているため、今後は自治体によるサポートが充実していくことが予想されます。

あたたかい援助のポイント

【「叱り」「怒り」は支援にあらず】

気になる子の対応のなかで、保育者がついイライラしてしまったり、思わずその子を叱ってしまったりすることもあるかもしれません。しかし、その子が、自分は叱られるようなことをしているとは思っていない以上、保育者の感情的な態度はその子にとってプラスになることはありません。

また、感情的な関わり方を他児が見て模倣してしまうことも問題です。子どもの姿に変化がない場合、見直すべきは保育者側の対応であることを忘れずにおきたいもの。保育者が困っているときは、その子も困っているのです。

◯ 望ましい姿を伝える

「何回言わせるの！」「どうしてできないの！」といった感情的な叱責はＮＧ。「なんでできないのだろう」という洞察的な視点をもち、「こうあってほしい姿」をわかりやすく伝えることが事態を好転させるはずです。

◯ 別の方法を考える

子どもの気持ちや体力を無視し、その子が苦手なダンスやかけっこの練習を反復して行うことは、子どもの心身に傷を残しかねません。繰り返してもできない場合、ではどうすればできるようになるか、という視点をもつことが必要です。

3章

インクルーシブな
クラス運営

担任として１つのクラスを受け持つとき、“気になる子”と
その他の子どもたちとのバランスが気になりますね。
安定したクラス運営のためにできることを考えます。

クラス運営 「集団」と「個」のバランスはどちらも大事と考えて

集団と個を“竹馬”のイメージで1歩ずつ前進させる

クラスに発達障害のある子どもや気になる子がいる場合、クラス運営に頭を悩ませる保育者も多いのではないでしょうか。「個」＝一人ひとりに手厚く関わっていると「集団」が育ちにくい、「集団」を優先してしまうと今度は「個」が犠牲になる。どちらを優先すればよいのか、とジレンマを感じることもあるかもしれません。

しかし、「個と集団」というのは決して相反するものではありません。一人ひとりの子どもが成長すると、クラスの質を高める力にもなりますし、また、クラス集団の質が高まると、それに呼応するように個々の子どもも成長するというよい循環が生まれます。

ですから、「個と集団のどちらを優先するか」ではなく「どちらも大事」と捉えて前進しようと考えていきましょう。2つの要素を“竹馬”のように片足を1歩進めたら、そこにもう一方を歩み出す。そんな感覚で進めていくと、最初は小刻みで不安定な歩みですが、進むうちにスピードが出てきて、次第に安定したクラス運営ができるようになります。

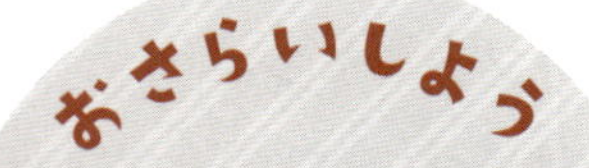

「クラスをまとめる」を見直す

保育者は、集団で生活する保育の専門家ですから、どうしても「クラスをまとめたい」「わたしがクラスをまとめなければ」と考えがちです。そのため、クラスに気になる子がいる場合、その子が“みんなと同じ”行動から外れてしまうと、結果的に「クラスがまとまらない！」と焦ることが多いようです。

しかし、迷ったときこそ保育の原則に立ち返って考えてみてください。「クラスをまとめる」と考えるより、「子ども一人ひとりの育ちを支援する」という保育の原則が、「クラスがまとまる」ことに通じていると気づくはずです。

育ち合うクラスづくりのための ヒント5

1 保育者の姿を子どもたちはよく見ている

クラスの子どもは、保育者が気になる子にどう接しているのかを実によく見ています。「ダメ」「何回言えばわかるの」などと否定的な態度を続けていると、「あの子はダメな子」「迷惑をかける子」といった空気がクラスに醸成されてしまいます。逆に、保育者が気になる子を大切にして理解しようとしていると、その思いはクラスにも伝わっていきます。

2 お互いを仲間として認め合える関係に

クラスにお互いを認め合う雰囲気や、あたたかい言葉を増やしましょう。特に、苦手なことや短所、できないことを、責められることなく素直に出せる雰囲気がクラスにあると、気になる子にとっても安心して過ごせる場になります。保育者も「○○くんは話すのが苦手だけど、すてきな作品を作るね」と短所も含めて認める言葉を積極的に発信していきましょう。

3 子ども同士のつながりを大切にする

保育者は気になる子と他の子どもの橋渡しをすると同時に、気になる子も含めクラスメートがつながり合う関係を目ざしましょう。そうすると、気になる子が自分のすることを忘れても、周りの子が「次はこれをするんだよ」とサポートしてくれます。「困ったときには先生や友達が助けてくれる」という環境であれば、気になる子もそうでない子も安心して自分を出せるのです。

4 子ども同士の理解から保育者も学ぶ

発達障害のある子どもに対し、保育者は「障害のある○○くん」という見方をしがちです。しかし、クラスの子どもにとって、障害はその子の一部であり、障害も含めた全体をその子自身であると捉えます。障害についてクラスの子どもに説明しなければと過敏になる必要はありません。子ども同士のおおらかな「その子理解」に、保育者が学ぶことも多々あります。

5 “気になる子係”を固定するのは避けて

クラスには気になる子の世話を進んで行う子どもがいて、保育者もつい「○○くん、(気になる)△△ちゃんをよろしくね」と声かけをしてしまいます。しかし、特定の子どもをいつも“気になる子係”にするのはよくありません。その子がプレッシャーを感じたり、保育者に評価されるために世話をしたりする例が出てくる他、気になる子も友達を頼る習慣がつき、自分の力を伸ばせません。そしてなにより、世話役を固定することで、その子どもが本来学ぶべき機会を奪われてしまいます。その点を、保育者は自覚する必要があります。

複数の気になる子

「気になる子」を増やさないためにできることとは

クラスの雰囲気を決める「気になる子ども予備群」

近年、気になる子や発達障害のある子どもが増えています。クラスに複数の「配慮が必要な子ども」がいるケースも決して珍しくありません。複数の子どもが立ち歩いたりするうちに、クラス全体にも落ち着きがなくなり、クラス運営が成り立たないこともあります。

このとき、注意が必要なのは「気になる子ども予備群（やや配慮が必要な子ども）」の存在です。クラスには、少し発達がゆっくりしているなど、明らかに「気になる子ども予備群」に位置する子もいます。また、普段は「クラスの多数の子ども」として過ごしている子どものなかに、保育者の説明がわかりづらかったり、自分の興味・関心と合っていなかったりすると、集中が途切れて活動を途中で投げ出すなど、「気になる子ども予備群」へと移行する子どももいます。このような「気になる子ども予備群」がそのままスライドする形で、結果的に「気になる子」が量産されてしまうことがあります。

クラスの雰囲気をつくっているのは、もともと「気になる子ども予備群」にいた子どもたちであることが多いものです。多様な子どもたちがともに育つためには、この「予備群」を増やさない保育が重要になります。

「気になる子がいるクラスの状況」

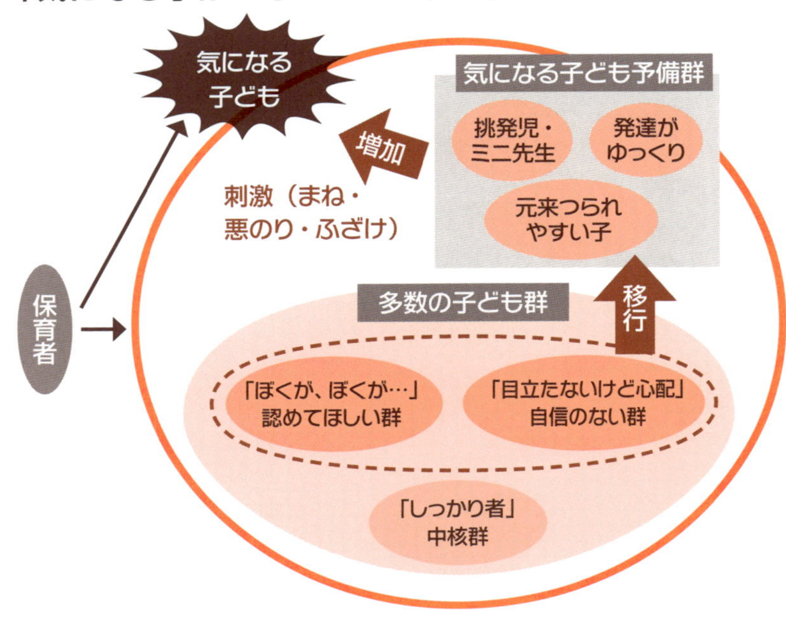

クラスの中核をなすのは「多数の子ども群」ですが、保育や環境が子どもたちの発達に合っていないと、「気になる子ども予備群」へと移行する子どもが出てきて、最終的に「気になる子」を増加させてしまいます。

資料：浜谷直人「保育実践と発達支援専門職の関係から発達心理学の研究課題を考える――子どもの生きづらさと育ちにくさに焦点をあてて」『発達心理学研究』第24巻第4号,pp.484-494,2013, を一部改変。

気になる子を増やさないための視点

❶ 保育環境をもう一度見直す

気になる様子の子どもが多いのは、保育環境がクラスの子どもたちの今の興味・関心や、発達の度合いに合っていないことが原因の場合も意外にあるものです。

例えば、保育室の遊具を「なんとなく４歳児はこんな遊びが好き」という経験や前年の踏襲でそろえているケースも少なくないでしょう。その場合、その年度の４歳児に元気あふれる活発な子どもが多ければ、ごっこ遊びの素材・遊具が大半を占めている保育室は「興味のもてない環境」になってしまいます。遊びはもちろん生活面も、“今のクラスの子どもたち”に合っている環境かどうか、再点検してみてください。

❷ もう一歩「ていねいな関わり」を心がける

気になる子どもが多い原因には、保育展開がうまくいっていないことも挙げられます。例えば、製作がなかなか進まずに集中が切れてしまう子どもが多いのは、保育者の話が長く、わかりづらいからかもしれません。

「大事な話を３つします」とポイントを絞って短く話す、製作の工程を簡単なイラストで示すなど、もう一歩「ていねいな関わり」を意識してみてください。１回言えば理解できる子どもに向けての指導だけでなく、少し発達がゆっくりな子ども（気になる子ども予備群）や、気になる子どもも意欲をもって取り組めるように、準備や保育展開を考えてみるとよいでしょう。

担任としての戸惑い

「気になる子」の担任として、「自分が一番知っている」という自信をもとう

発達障害のある子どもの保育というと「専門的な知識がなければ対応ができない」と考える保育者もいるかもしれません。障害の知識はあるに越したことはありませんが、園で必要なのは「その子がどんな遊びが好きで、どうしたら充実して過ごせるか」という視点であり、保育者の専門性を生かして支援できることは少なくありません。また、毎日の生活を通じて成長の過程を見ているのも保育者の強みです。その子のことは「自分が一番よく知っている」と密かな喜びと自信をもって、保育に臨みましょう。

よくある戸惑い

●対応がわからず動揺

発達障害やその傾向があると、急にキレて乱暴をする、何度注意しても行動が変わらないなど、保育者が戸惑う言動が多くなります。若手保育者は「どうしたらよいかわからない」、中堅保育者は「今までの保育の方法が通じない」と悩みが深まります。

●加配に任せきり

担任が加配の保育者に「(気になる子を)静かにさせて」と指示し、クラスから遠ざけるケースもよくあります。これでは担任やクラスの子どもが気になる子と接する機会を失いますし、加配の保育者が孤立し、職員間で助け合う雰囲気も希薄に。

●一人で抱え込む

「気になる子が落ち着いて過ごせないのは担任のせい」「わたしがなんとかしなければ」と、担任が一人で抱え込んでいるケースも。何年か経験のある保育者に多い傾向ですが、それによって心身ともに疲弊し、燃え尽きてしまうこともあります。

知っておこう

自分自身の「よさ」を認めよう

障害のある子どもや気になる子に接していると「うまくいかない」「保育が思うように進まない」と自信を失うことも少なくないものです。しかし、子どもの前でいつも完璧な保育者である必要はありません。また、どの保育者にも苦手なことがある反面、得意なこともあります。保育者も"自分のよいところ"を知っておき、「得意な運動では、子どもたちが楽しんで体を動かせた」とプラス評価をして、自分を励ましながら日々の保育に向き合っていきましょう。

初めて発達障害のある子どもの
担任を務めるときの心得

1 周りに積極的に支援を求める

発達障害のある子どもの支援では、子ども本人への対応だけでなく保護者対応や、発達支援センター等との連携など、いろいろな要素が複雑に関係してきます。全てを担任一人で対応するのはそもそも無理がありますから、積極的に周囲に支援を求めましょう。あまり"特別支援"と身構えすぎずに「こんなときはどうしていますか」と同僚保育者に相談していくのも一案です。

2 研修会などに参加し、発達障害について勉強する

発達障害では、独特な感覚過敏（感覚鈍麻）があるなど、一般の人からは理解が難しい特性もあります。やはり障害の基本的な知識をもっておくことは大切です。最近は、発達障害児支援についての研修、勉強会なども増えています。そうした機会を利用して障害について勉強をしましょう。特性を知ることで、子どもが園生活でなにに困っているかを想像しやすくなります。

3 今までの保育の方法論にとらわれない

発達障害のある子どもの保育では、クラスのまとめ方も活動の進め方も、通常の方法論ではうまくいかないことが多いものです。保育者がそれまでに行っていた方法が間違っていたわけではないので、自信を喪失する必要はありません。ただ、難しい状況が続くときは、「この子にはこの方法は通用しない」と気づいて、気持ちを切り替えて新たな方法を取り入れていく柔軟さが求められます。

4 時には「自分が変わる」ことも恐れない

理解できなかった子どもの言動が理解できるようになるのは、子どもと向き合うなかで「保育者が変わった」からです。自分が信じてきた保育方法や考え方を手放すのは怖いことですが、障害児の支援では「子どもを変える」のではなく、「自分が変わる」ことが必要なケースも多々あります。障害のある子どもとの関わりは、保育者自身が変化し、成長していく機会でもあります。

個別の指導計画

「個別の指導計画」を書くことで、気づきがたくさん！

発達障害のある子どもの支援において、「個別の指導計画」を書くことは、日頃の保育を振り返る機会になります。日々の保育では、そのときの混乱や困り事に対応するだけで手いっぱいになりがちで、なにが大変なのか保育者自身もわかっていない場合も多いもの。しかし気づいたことを書き出してみると、その子の今の状況や、自分の保育を整理することができます。

またこうした記録を続けていくと、どのような手助けが必要で、どんな方法がその子に合うのかといったことが判断できるようになり、保育のスキルも徐々に磨かれていきます。自分の書きやすいスタイルでよいので、記録を続けていきましょう。

個別の指導計画を書くと…

1 課題が明確になる

書くことで「どうしてあのときパニックになってしまったのか」といった、前後の事情や子どもの気持ちなどを振り返ることができます。そうした振り返りを続けると、子どもの困っていることや保育の課題が明確になってきます。

2 指導の手がかりをもとに ↓ 実践＆評価＋見直し

課題が見えてきたら「それをどう改善すればよいか」を考えましょう。改善点を1つの手がかりにして、具体的な指導の手だてを考えます。そして実践、評価をし、うまくいかなかったところは見直して、次の計画に生かすということを繰り返します。

3 保育のスキルが向上 ↓ その子が過ごしやすくなる！

指導の手だて→実践・評価＋見直しを続けていくと、「こんなときにはこう対応すればよい」というスキルが向上し、全体として保育の質が高まります。保育がよくなれば、気になる子にとっても楽しい、過ごしやすい園生活が実現！

hop!
step!
jump!

指導計画で書き出すこと 具体例

	内容例	point
わたしが困っていることはなにか	●集団活動に入れず、外へ行ってしまう ●友達にすぐに手が出てしまう ●何度注意しても、高い所に登る	自分の困っていることは、子どもの困っていることでもある点に注目！
その子の好きなこと・嫌いなこと	●電車の玩具で遊ぶのが大好き ●○○くんと戦いごっこを楽しむ ●慣れない場所を怖がって泣く	その子の楽しめる遊びや苦手なことを知ることで、子ども理解につなげる。
その子のよいところ・素敵なところ	●虫のことをよく知っている虫博士 ●小さいクラスの子と仲よく遊べる ●折り紙ですてきな作品を作る	ついマイナス面に目が行きがち。よいところ探しも大切！
保育で注意したいこと	●パニックを起こすと物を投げる ●滑り台の柵に登ろうとする ●園外に出てしまった経験がある	けがや事故につながりそうなことは他の保育者とも情報の共有を。
保護者の様子	●どう育てたらよいか戸惑っている ●クラスで孤立しないか不安に思っている ●わが子の状態を受け入れるのが難しい	保護者の不安や園への要望もしっかりと把握する。

エピソードは具体的に！
話したことも
そのまま書いてみる！

その子へのていねいな
まなざしを向けられているか
の振り返りにも！

個別の指導計画 「スモールステップ」で、その子にとってのゴールを設定しよう

個別の指導計画を考えるときに大事なのが、気になる子の「ねらいや目標」をどこに設定するかです。「みんなでいっしょに同じゴールを目ざす」保育を中心にしていた人も、「個々の子どもの障害などの状況に応じた計画」を重視してみましょう。みんなといっしょのゴールにこだわらず、一人ひとりに合った目標や計画を設定し、スモールステップで個々の育ちを応援していく保育が、どの子にも求められているのです。

例1 ささ飾りを作ろう

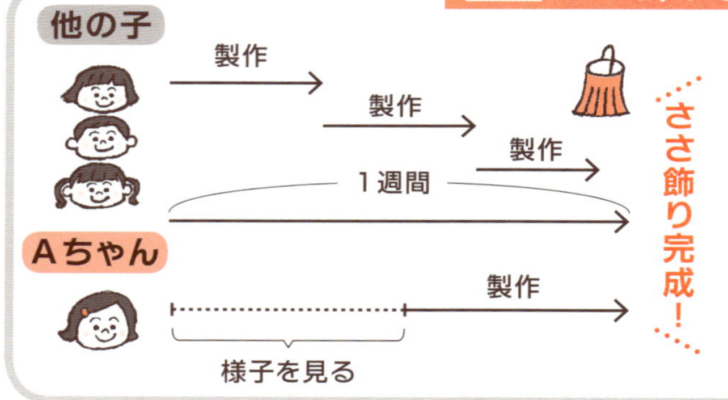

例えば、週案で「今週、ささ飾りを作る」という計画を立てたとします。気になる子は、みんなが作った作品が飾られたのを見てから、ようやく関心が向いて作り始めることもあります。他の子と同じペースで全てを終えて片づけようと考えず、製作期間や材料の準備などに少しゆとりをもたせ、その子に合わせた活動を心がけてみましょう。

例2 かけっこに参加しよう

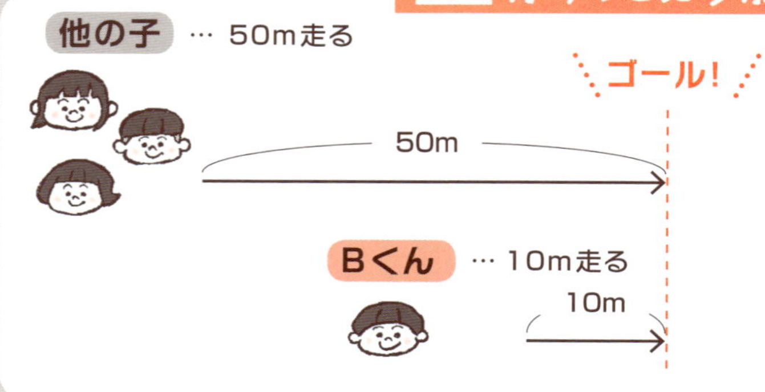

運動会のかけっこで5歳児は50m走ります。しかし、発達障害のあるBくんは、度々途中でコースを外れてしまいます。そういうときは「半分走ったらゴールにする」「スタートをゴールの10m手前にする」などの方法もよいでしょう。その子が意欲的に参加し、達成感を得られるようなコース設定を、クラスで相談してみるのもよいでしょう。

2018年改訂（定）
幼稚園教育要領／保育所保育指針／幼保連携型認定こども園教育・保育要領で

こんな記述が盛り込まれた！

① 障害のある幼児などへの指導

障害をもつ幼児に対する配慮についての記述が増えました。「集団の中で生活することを通して全体的な発達を促していくことに配慮し、特別支援学校などの助言又は援助を活用しつつ、個々の幼児の障害の状態などに応じた指導内容や指導方法の工夫を組織的かつ計画的に行うものとする。」（「幼稚園教育要領」第1章第5の1より）

また、家庭や関係機関と連携し、長期的な教育的支援を行うために、個別の教育支援計画の作成・活用、個々の幼児の実態を的確に把握した個別の指導計画の作成・活用を勧めています。

② 海外から帰国した幼児などの園生活への適応

国際化の進展に伴い、さまざまな言語や文化的背景をもつ子どもたちへの配慮についても、新たに記述されました。

「海外から帰国した幼児や生活に必要な日本語の習得に困難のある幼児については、安心して自己を発揮できるよう配慮するなど個々の幼児の実態に応じ、指導内容や指導方法の工夫を組織的かつ計画的に行うものとする。」（「幼稚園教育要領」第1章第5の2）

食物アレルギー対策、子育て支援の記述も

新しい保育所保育指針では、第3章 2の（2）「食育の環境の整備等」の ウ のなかで、食物アレルギーや障害のある子どもなどについて記述があり、適切な対応が求められています。また、第4章「子育て支援」では、障害のある子どもの保護者、外国籍家庭、不適切な養育などが疑われる家庭への支援の記述が充実しました。

職員間の連携　職員間で情報を共有しながら、互いにフォローし合う「チーム保育」を

こまめに情報を共有し、臨機応変に対応

気になる子は、保育者の予想できない行動をとることが少なくありません。急に保育室を出て行ってしまう例もあります。担任が全てに対応するのは物理的にも無理ですし、保育者一人では子どもの安全を守れません。他の保育者はもちろん、事務員、用務員なども含め職員全体で連携して「チーム保育」で対応していくことが不可欠です。

職員間の連携の鍵になるのは、やはりこまめな情報共有です。朝の会議で、あるいはその日の活動のなかで、他の職員に協力を依頼したいことを伝えるのもよいですし、その他にも担任の手が回らないようなときは、主任やフリーの保育者、加配の保育者、隣のクラスの担任などに声をかけ、お互いにカバーし合って臨機応変に対応しましょう。

● 同僚保育者と…

急な対応が必要になったときに声をかけ合う他、気になる子の情報をもらえるよう、日頃から依頼しておきましょう。「○○ちゃんと手をつないでトイレに行っていたよ」などと、担任の目の届かないところでの情報が集まるうえ、みんなで見守る雰囲気ができます。

● 加配の保育者と…

加配の保育者がつく場合、担任と加配保育者とで協力していくことも大切です。加配の保育者を“気になる子担当”と固定して考えるのではなく、時にはクラスの子どもを加配保育者に見てもらい、担任が気になる子と向き合う時間をつくる、という方法もあります。

● 園長、管理職と…

保育室に入れない子どもが職員室ならば落ち着いて過ごせることも。園長など管理職にも協力を依頼しましょう。障害のある子どもの支援では、保護者支援や自治体との連携など、管理職でなければ対応が難しいことも少なくないため、管理職の意識はとても重要です。

● 事務などのスタッフと…

保育者の人員が限られているときは、事務職員や通園バスの運転手、用務員など、保育者以外のスタッフも含めて全員で子どもを見る体制が必要でしょう。特に年度当初の入園・進級の時期には、気になる姿の子どもが増えるので、職員みんなで見守りましょう。

なにげない会話にヒントあり

保育のヒントが得られる、普段の「雑談」も大事

保育者同士の情報共有の仕方は、園によってさまざまです。定期的に園内研修や事例研究の時間をつくり、気になる子や気になる姿について話し合うという園もありますが、なかなかそうした機会をもてない園もあるようです。そういう場合は、まず園内で日頃から保育の話をしやすい雰囲気をつくることが大切です。意外にも、「こんなやり方でやってみたら、うまくいったよ」など、保育者同士の気軽な“雑談”のなかに、気になる子支援のヒントが隠れていることも多いものです。

▶▶▶ 例えば…

{ 休憩時間などにフランクに話す }

園内研修で話すのもよいのですが、「今から障害児の支援を考えます」と改まった雰囲気になると、意外によい話が出ないことも。休憩時間や1日の保育が終わったあとなどに「前に似たようなタイプの子がいて…」と、気軽に話し合うことで、アイデアが集まることもあります。

{ ポジティブなエピソードを話す }

真面目な保育者ほど、気になる子のネガティブな面に注目しがちですが、支援の方法を考えるにはその子のポジティブな面に目を向けることも大切。「自らスリッパをそろえていた」など、気になる子の意外なよい面を報告し合っていくと、保育の視点も変わります。

point

保育者同士も“よいところ探し”を

園内の保育者がよい関係を築き、協力し合って保育をしていくには、保育者同士もお互いの“よいところ探し”をしましょう。例えば「わたしはこま回しが苦手だから、○○先生に教えてもらおう」と各保育者の得意分野を共有し、支え合うようにします。保育者間の風通しがよいと保育の質が上がり、子どもにもよい影響を与えます。

2 支援のために視野を広げる

園外の専門機関との連携

専門機関のプロと連携して、支援を深めよう

発達障害がある子どもの支援では、園だけで全ての問題に対処しようとするのは難しいものです。園内だけでは適切な対応ができず、かえって子どもの混乱が大きくなったり、保育者のストレスが高まり仕事に支障をきたすこともあります。保育が難しいと感じたときは、関係機関と連携し、専門家の支援を受けることも検討するとよいでしょう。今は、従来の児童相談所や保健所などの他に、「発達障害者支援センター」といった専門の窓口が各地の自治体に設置されています。また地域により、専門家が園を訪れて相談・指導を行う巡回相談などもあります。そうした窓口や関係機関を保護者にも紹介し、支援につなげましょう。

相談先は地域によりさまざま

●児童相談所・保健所

児童相談所では相談業務や療育手帳の判定などを実施。保健所でも、発達の遅れや障害の早期発見をしているところもあります。

●特別支援教育センター

特別支援教育についてのさまざまな相談に応じます。電話や来所の他、自治体によっては専門家を園などに派遣する巡回相談も行っています。

●医療機関・療育センター

小児神経科などの専門外来では、医学的な見地から診断や検査、治療などを行います。また、子どもに実際の療育指導を行う民間の療育センター、団体もあります。

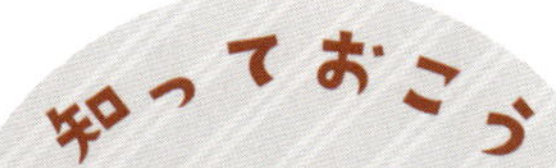

知っておこう

療育センターの見学はヒントの山

園と並行して療育センターに通っている子どもがいるときは、機会をつくってその活動を見学するのも一案です。園では見られなかった子どもの意外な面に気づき、「その子理解」が深まることもあります。また「このやり方なら楽しんで取り組める」と保育の手だてを発見することも多いようです。保護者に「今度、療育センターの見学に行きたいので先方に伝えていただけますか」と仲介してもらうのもよいでしょう。積極的な交流は保護者にとってもうれしいことです。

どうする？ 専門機関Q&A

巡回相談の指導者に、気になる子支援についてアドバイスをもらいました。後日、園の保育で試してみましたが、あまりうまくいきませんでした。外部の人に相談しても、それほど意味がなかったかも？

A 「やってみた結果、こうだった」とフィードバックをして

巡回相談や研修会などでは、専門家から気になる子への関わり方などについて指導を受けられます。ただし専門家が園に滞在するのは短時間ですし、その間に園の保育全てを理解できるわけではありません。

巡回相談などのあとに「指導を実践してみてうまくいかなかった」ときは、その事実を専門家にフィードバックし、対応策を話し合うことが重要です。そうしたやり取りを繰り返していくことで、専門家はその園に合った指導・対応策を伝えられるようになりますし、保育者も園の保育に即した、実践的なスキルを養うことができます。

クラスに発達障害が疑われる子どもがいますが、その子の保護者はまったく気づいていない様子。園から話をして保護者との関係を悪くしたくないので、巡回相談の指導者から保護者に話をしてもらいたいのですが？

A 保護者支援は、日頃から子どもと家庭を見ている園が行うもの

巡回相談の指導者は発達支援の専門家であり、気になる子どもの傾向や特性についての専門知識をもっています。しかし、発達障害という診断名を下せるのは医師だけです。また子どもの生活や家庭の状況を詳しく知らない外部の人間が突然、面識のない保護者に「あなたの子どもは発達に偏りがあります」といった話をするのは無理があります。むしろ、専門家と話すようにしむけた園と保護者との関係が、悪化するおそれもあります。

気になる子の保護者支援では、やはり子どもを預かっている園が責任をもって話し合いをしていくことが大切です。

研修を生かそう

研修で学んだ知識を、日常の保育に落とし込もう

園外の研修会などにも参加してみよう

以前にくらべ、発達障害のある子どもの支援について学べる機会は多くなっています。講習会や研修会も各地で開かれていますから、そうした場で発達障害について勉強をしましょう。学ぶことで「あの子は手順がわからなかったから、嫌がっていたのか」「感触が苦手だったのかも」と、子どものつまずきの理由やさまざまな困難について理解が深まります。研修会などの情報は自治体からの案内の他、保育関連のウェブサイト、雑誌などからも入手できます。機会があればぜひ参加してみてください。

そして、大切なのは研修で学んだことを「目の前の子どもの保育」に生かすことです。知識をもとに「わたしならどうするか」「この子にはどんな方法が合うのか」と試行錯誤をしながら、保育を実践していきましょう。

これはNG

研修で聞いた方法をそのまま当てはめようとする

研修に行って勉強をしても「やっぱりこの子には発達障害の特性があるんだ」と確認をして、障害のある子というレッテルを貼って終わり…というのでは意味がありません。さらに「自閉症スペクトラム障害の特性がある子どもには、絵カードを使うとよい」など、研修で知った方法論をそのままその子に当てはめるのも、適切とはいえません。

ひと口に発達障害といっても、苦手なことや困難の理由は子どもによって異なります。目の前の子どもを知ろうとする姿勢をもち、研修で学んだことを自分なりに工夫し、生かすことが、支援の第一歩となります。

こうすればOK

研修で学んだ方法を検討し、その子用にアレンジする

研修で学んだことを保育者が自分なりに消化し、いつもの保育に置き換えて考えることが重要です。例えば、何度教えても朝の支度が身につかないのは、やることが覚えられないのか、途中で気が散ってしまうのか、環境に不安があるのか…と子どもの立場に立って考えてみましょう。そして、やることが覚えられない様子なら「指示は１つずつにしよう」など、対策となる対応法を試してみてください。

研修で学んで保育で実践し、また見直しや工夫を重ねる。そういった繰り返しの努力を積み重ねていくことが、効果的な支援へとつながっていきます。どの場合も、保育者と子どもの間に基本的な信頼関係が必要であることは、言うまでもありません。

point

研修で得た情報を園全体に知らせよう

園内外で研修などの機会があっても、勤務時間の関係もあり、実際には保育者全員が参加できるわけではありません。一部の保育者が研修に参加したり、巡回相談で指導を受けたりしたときは、そこで得た情報を園内で共有していきましょう。毎日の職員会議などで「研修でこういうことを学びました」と報告し、それを記録係が記録して研修資料などとともに配布すれば、保育者全体の学びにつながります。

今は多くの保育者が発達障害のある子どもの保育に直面する時代です。一人の保育者が困った場合は、他の保育者も似たような困り感を経験していることが多いものです。「全員の共有財産」にしていきましょう。

継続した援助のポイント

【小学校への接続を考える】

障害がある子どもの場合、「小学校への接続」も大切な支援の１つです。地域の就学先にはどんなところがあるか、といった情報を保護者に伝え、子どもや家庭に合った就学をサポートしましょう。

また、就学前には園から小学校に「指導要録（保育要録）」を提出して、これまでの育ちを伝えるとともに、小学校でさらに力を伸ばしてもらえるよう引き継ぎをします。そのため４歳頃からは就学も意識して保育の記録をつくりましょう。特に、課題のある子どもが「こういう対応をしたらこう変わった」という具体的な対応や支援、子どもの変化などを記録しておくと、小学校での継続した配慮につながりやすくなります。

直接話すことで
ニュアンスを伝える

就学直前に、担任が小学校を訪問したり、小学校の先生に園に来てもらったりし、子どもの成長について話し合いの場がもてるとよいでしょう。直接話をすると、文書では書けないことや細かいニュアンスが伝わり、よりよい連携ができます。

また、４歳頃から就学先に悩みをもち始める保護者が出てきます。その場合、就学先の小学校や通級指導教室、特別支援学校などの情報を提供したり、相手校と連絡をとったりし、支援していくのもよいでしょう。学校見学などに園側が同行することも、保護者にとっては大きな支えになります。

その子のもつ課題や
対応をていねいに伝える

小学校側と話し合うときや「指導要録（保育要録）」を書くときには、気になる子の課題を指摘するだけで終わらないよう十分に注意しましょう。

障害の診断名や課題を伝えるだけでは「障害のある子」というレッテル貼りにつながりやすく、肝心の園での育ちや発達の様子がわかりません。大切なのは、「課題がある子だけれど、こういう配慮をしたらこう変化した」という具体的な内容を伝えることです。園で行ってきた支援や手厚い関わりを参考に、その子のよさを伸ばしてほしいという気持ちで、小学校に情報提供をしましょう。

4章

保護者とつながり、支援を深めよう

インクルーシブな保育を考えるとき、
保護者とのつながり、家庭との連携は欠かせないポイント。
大切なことは保護者への共感と、
子どもへの視点を優先するのを忘れないことです。

1 保護者との連携

信頼関係を結ぶ　なにか起きたときだけでなく、日々の関わりを深めよう

よい連携には、保護者との信頼関係が不可欠

発達障害をはじめ、配慮が必要な子どもの支援を考えるときには、保護者との連携が必須です。それは保育者であれば誰もが理解していることですが、実際には「気になる子の保護者との連携」に頭を悩ませる保育者は非常に多いと感じます。

子どもが立ち歩いて活動ができない、友達とトラブルが多いといった課題の指摘は、保護者にとって「自分の子どもや子育てが否定された」と感じられるため、拒否反応を示すことも少なくありません。場合によっては、それ以降保育者とのコミュニケーションや接触を避けるようになることもあります。

そうした事態に陥らないためにも、トラブルが起きたときだけでなく、日頃から保護者とのコミュニケーションを大事にしてほしいと思います。日々のやり取りは短い会話でかまいませんが、製作の途中でがんばっていたことなど、「成長した点」や「よかった点」を意識して保護者に伝えましょう。子どもの成長を喜び合える関係を築くことが、保護者支援の基礎になります。

保護者に「教えてもらう」姿勢も大切に

保護者に子どもの気になる姿について話をするときは、具体的なシーンを挙げながら相談するとよいでしょう。「昼食時間に立ち歩いてしまい、食事が進まないことがあります。ご家庭ではどうされていますか？」という具合です。保育者が「わたしの力不足で困っています。よい方法があれば教えてほしい」という姿勢で話をすれば、保護者も責められていると感じずに自然に話ができ、結果的に保育のヒントが得られることも多いものです。

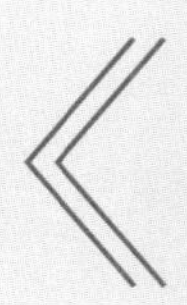

支援を必要としている子の
保護者と関わるポイント

「保護者になにを求めて、なにを伝えたいのか」整理する

朝や降園時の身支度ができない、活動を最後までやり遂げられない、行事の練習を嫌がって逃げる…。そういった、保育者から見て気になる姿がいくつもあるとき、保護者に対し「ちゃんと自立できるように」「もっとしっかり子育てを」といった表現で話をすることがあります。しかし、あまりに抽象的な話では、保護者はプレッシャーを感じるだけで、具体的にどうすればよいのかがわかりません。

保育者は「保護者になにを求めて、なにを伝えたいのか」を整理してから話をするようにしましょう。身支度などができない子どもの場合、集団参加などよりも、まず生活する力をつけることが先決。例えば、「身支度に時間がかかっても、園では自分でやりたいという気持ちを大切にしています」などと伝えるのも一案です。衣服の着脱、食事、排泄といった生活習慣を身につけることを目標に、保護者と話し合いをしましょう。

「早く知って」と焦らない。「working together」の姿勢を示す

気になる子の言動に困惑している保育者は、「この困難さを保護者に早く知ってほしい（わたしはこんなに困っている！）」という心理に陥りがちです。しかし、その思いをそのまま保護者にぶつけても、すっきりするのは保育者だけ。むしろタイミングや話し方を誤れば、保護者との関係がこじれてしまうだけでなく、子どもに不必要に強くあたってしまうこともあります。焦らずに、保護者と率直に話し合える関係を築くことを優先しましょう。

また、保護者に専門機関を紹介するときも「こういう施設があるので行ってください」と突き放さないこと。「いっしょにお話を聞きませんか？」「園でも専門家の指導を取り入れたいので、いっしょに行きませんか？」と、気になる子をともに支える「working together」の姿勢を示していけるとよいでしょう。

保護者に寄り添う

保護者が障害を受け入れるには、葛藤があることを理解して

保護者の状態をていねいに捉える

保護者支援をしていくためには、保護者の性格や生活、家庭環境など周辺の状況を把握することが大事です。また「わが子の発達障害やその傾向に気づいているか」も重要なポイント。発達障害のある子どもの保護者は、保護者自身も似た傾向をもつことがあり、気になる姿を障害と捉えていない場合もあります。さらに障害に気づいていても、それを受け入れられるかどうかは別の問題です。一般的にダウン症や身体的な障害は状態が把握しやすく、保護者の受容も早いといわれています。しかし発達障害は見た目ではわかりづらいため、保護者が事実を受け入れるまでには、大きな葛藤があるケースも少なくないことを知っておきましょう。

保護者の認識はどの段階？

障害にまったく気づいていない

注意力が散漫で忘れ物が多い、こだわりが強い、人とのコミュニケーションが苦手など、保護者自身が発達障害的な傾向をもっていることも少なくありません。そのため子どもの状態が周りと異なっていても「気にならない」「気づかない」保護者もいます。

対応

園での子どもの状態を少しずつ伝えます。忘れっぽい保護者には個別に声かけするなど、対子どもと同様のアプローチが、保護者にも有効なこともあります。

障害にうすうす気づいている

わが子の発達の遅れやアンバランスさに、保護者がなんとなく気づいており違和感をもっているケース。家族にも友達の保護者にも相談できないまま、「どうしてうちの子だけ違うのか」「なんでこんなに子育てが大変なのか」と悩んでいる人もいます。

対応

「大変ですね」「ご苦労があったのでは」とさりげなく保護者の心情に共感し、信頼関係を築いたうえで、関係機関などの情報提供を行います。

障害を認めたくない

なんらかの障害があることはわかっていても、「認めたくない」という心情の保護者もいます。本人が「親のしつけのせい」と周囲の人から責められてきたケースでは、「障害を指摘されたくない」「保育者の話を聞きたくない」と拒否し、孤立する人も。

対応

焦らずに時間をかけて保護者自身の家庭環境、その子どものこれまでの成長過程といった情報を集め、信頼関係を築く努力をしましょう。

どうしても

対応が困難な保護者には…

【不安定な保護者にはチームで関わる】

最近の傾向として、以前にも増して「保護者対応」が難しくなっていると感じます。それは保護者の価値観や生活環境、子育てへの思いが多様になっている、というだけではありません。精神的に不安定だったり、職場でも家庭でもトラブルが多いなど“生きづらさ”を抱えている保護者が実際に多くなっているようです。なかには、あらぬことで園にクレームをつけたり、ＳＮＳで園や他の保護者を批判するような情報を流す保護者もいます。

そのような保護者が増えていることで、気になる子の姿も生まれながらの発達障害の傾向なのか、家庭環境や保護者の養育によるものなのか、見極めが困難になっているともいえます。そうした難しい保護者に対しては、担任一人ではなく、園でチームとして対応することをおすすめします。あまり保護者のペースに巻き込まれないように一定の距離を置きながら、「子どもの育ちや生活を守るために」という姿勢で保護者に接しましょう。

園内で役割分担をしてチームで対応

対応が難しい保護者については園内で情報を共有し、チームで対応に当たりましょう。話が止まらない保護者に担任がつかまっているのを見かけたら、他の保育者が「職員会議なので」と理由をつけて呼び出す、などもできます。

また精神的に不安定な保護者の場合、複数の職員で「耳に痛い話を聞く人」「弱音を吐ける人」と明確に役割を分担して、保護者の不満や心情を十分に傾聴するのもよい方法です。対応する相手が分散されるので保護者の精神安定にもつながり、園への不満をＳＮＳにアップされるといったトラブルの予防にもなります。

精神疾患などによる虐待が疑われるときは関係機関に

精神的に不安定というだけでなく、うつ病や不安障害、統合失調症などの精神疾患を抱えている保護者も増えています。保護者にそうした疾患が疑われるときは、他の家族（配偶者や祖父母など）にも協力をあおいで、医療機関や精神保健福祉センターなどへ支援をつなげましょう。

また病気によって家事や育児がほとんどできず、ネグレクト（育児放棄）につながっているケースもあります。この場合も、やはり園だけでは対応が困難ですから、児童相談所などの関係機関に早急に連携を依頼してください。

保護者対応の具体例

保護者に子どもの気になる姿について話をするときには、「発達障害」「多動」といった言葉を用いて、障害を断定するような表現をするのは適切ではありません。また保護者を責めるような言葉をかける、ただ課題を指摘して終わり、というのも適切な保護者支援とはいえません。

園と家庭で協力して子どもの成長を支えるために、家庭での様子を保護者に教えてもらう、園でうまくいった対応や日々のちょっとした成長を保護者にも伝えるなど、ていねいなやり取りを続けていくことが大切です。

NG対応

✕「みんな困っています」「園（保育者）が困ります」 → ○「○○くん本人が△△で困っているようです」

実際に園や担任が困っているとしても、それは本来、保護者には関係のないことです。また保育者が困るような言動が見られるのは、子ども本人が「困っている」からです。その子本人がどのようなシーンで、どういった要因で困っているのかを話し合い、家庭での様子を教えてもらい、そしていっしょに解決していく姿勢をみせることが大切です。

✕「こんな子は初めてです」

これは若手保育者より、ベテランの保育者が使いがちな表現です。自分のこれまでの経験や保育観を信じていて、そこから外れる子どもは「おかしい」と感じてしまうのかもしれません。しかし、保護者としては、このように言われれば強いショックを受けるのは確実です。園との関係が悪化してしまう可能性もあります。

✕「病院で診てもらっては」

保育者から見て発達障害が強く疑われる場合でも、いきなり「病院で診てもらっては」とストレートに伝えるのは避けましょう。特に、保護者が子どもの障害に気づいていないケースや、障害を認めたくない気持ちがあるときは、「わが子を障害児扱いされた」と反発や被害者意識を抱きがちです。

Case 1 じっとしていられず、保育室から飛び出す5歳児

「保育室に子どもが集まる時間に出ていってしまう」という点は、姿を率直に伝えてOK。ただ、それだけでなく「ザワザワした音が苦手なのかも」とその行動の背景や理由、園で行っている配慮などをあわせて保護者に伝えましょう。「クラスが落ち着いてからもう一度呼ぶと着席できる」といった対応法がわかると、保護者は受け止めやすく、園への信頼感も高まります。

対応の例

集まりが苦手で、
部屋から出て
金魚を見に行くことが
多いんです。

そうですか…。
先生方にご迷惑を
おかけしてしまって…。

迷惑なんかじゃありませんよ。ザワザワした
音が嫌なのかも。
落ち着けば着席できて
いますよ。

そうですか、
ありがとうございます。
実は、家でもよく音を
気にするんです。

Case 2 園の給食が食べられない3歳児

偏食は、過去に食べた経験があるかどうかや、発達障害の特性（食感や匂いなどへの過敏）、心理的な問題など、さまざまな要因が関係します。まず保護者に家庭でのこれまでの食生活や、普段の食事の様子などを詳しく教えてもらう必要があります。そのうえで、家庭でしている工夫を園でも取り入れるなど、支援の方向を話し合うとよいでしょう。

対応の例

園の給食が苦手なようで、
ほとんど
残してしまいます。
ご家庭ではどうですか？

家でも少食で…。
野菜は細かくして
スープに入れると
食べやすいようです。

調理担当に伝えて
工夫してみますね。
量も減らして完食できることを目ざします！

完食できると本人も
うれしいようです。
家でも量を減らして
試してみますね。

2 保護者対応　お悩み事例集

よくある お悩み 1

発達障害が疑われる子がいますが、保護者は気づいていない様子。どこまで園で話をするべきか、迷います。

対応の ヒント

「支援が必要なことが明らか」なら率直に伝えた方がよい場合も

子どもに発達障害の疑いがあるとき、それを保護者にどこまで、どのように伝えるかは、とても難しい問題です。そもそも子どもは成長途中であり、単純に発達の遅れや不適応なのか、障害なのかの見極めが難しいもの。まず園として発達支援の専門家に相談し、「特別な支援が必要な状態かどうか」を判断することをおすすめします。

ただ、そこで支援が必要と明らかになった場合、保護者と信頼関係を築いたうえで、子どものありのままの姿を伝えることも必要です。近年は、なんとなく様子を見ているうちに卒園になり、小学校に入ってから課題が表面化して「園ではなにも言ってもらえなかった」と戸惑う保護者も増えています。障害について話すと当初は保護者も動揺しますが、結果的に早い段階で支援を始めることにつながり、「今は伝えてもらって感謝している」という人もいます。大変デリケートな問題ですが、保護者の気持ちに配慮しながら、障害の有無ではなく、子ども自身の成長を軸に、誠意と勇気をもって話すことがあってもよいかもしれません。

よくあるお悩み❷

クラスに忘れ物の多い子がいますが、
その子の保護者（母親）も同じタイプで
持ち物も忘れがちです。どう対応すれば…。

対応のヒント

子どもと同じ傾向をもつ保護者も多いもの。子どもと保護者、双方を支援して

気になる子の保護者は、子どもと同じような特性をもっているというケースが珍しくありません。この例でいえば、忘れっぽいのはＡＤＨＤの特性である不注意が目立っている状態だからかもしれません。そのため、保育者が話をしても忘れてしまう、おたよりを渡しても読んでもらえないなど、保育者にとって困った状況が起こります。こういう場合、「保護者として忘れ物がないようにしっかりして」と要求しても、おそらく状況は変わらないでしょう。

対策としては、子どもに有効な支援を保護者にも行ってみるのも一案です。具体的には、話をするときは要点を短く話す、持ち物はイラストにして示す、必要な日の前日に個別に声かけをする、などです。保護者に有効だった方法が子どもにも効果があることもありますから、子どもと保護者の双方を支援するつもりで対応していきましょう。

4章 保護者とつながり、支援を深めよう

よくある
お悩み❸

着替えや排泄など、生活習慣がなかなか身につかない子がいます。保護者に伝えても、「家では困っていません」の一点張り。あまり気にしていない様子なのですが、どう伝えるとよいのでしょうか。

対応の
ヒント

家庭では「保護者が困らない」システムになっているのかも

園は集団生活ですが、家庭はそれぞれの独自のスタイルで生活が成り立っています。そのため園と家庭とでは子どもの姿が異なり、園で保育者が感じている“困り感”が保護者にはわからない、ということはよくあります。ただし、保護者の「家では困っていません」という言葉には、やや注意が必要です。

着替えなどの生活習慣でいえば、子ども自身ができなくても保護者が代わりになんでもやってしまえば、「家では困らない」状況になります。また反対に、保護者が子どもにほとんど関心を寄せておらず、生活習慣なども全て子ども任せになっているので、結果的に「(保護者は)困らない」というケースも最近は増えています。こういう場合、まずは園の中でできる範囲で考えていきます。そしてそれと併行して、保護者支援も検討していく必要があります。

よくある
お悩み❹

他の子へ暴言や暴力を繰り返してしまう子がいます。被害を受けている子の保護者から、「もう少ししっかり管理して」とクレームが…。

対応の
ヒント

気になる子をかばいすぎず、中立的な立場で誠実に対応を

衝動的に他の子に暴力を振るったり暴言を吐いたりする子どもは、他の子どもとの間でトラブルになることが少なくありません。しかも同じ相手との間に繰り返し起こることも多く、被害を受けた子どもの保護者にとっては、そうした行動を穏やかに受け止めるのは難しいものです。

気になる子と他の子どもの間でトラブルが起きたときは、速やかに両方の保護者に連絡をとり、客観的な視点で事情を説明します。そして相手の保護者の心情を受け止めながら、管理者として行き届かなかったことをおわびします。気になる子がなぜそういう行動をとったのかも説明する必要がありますが、このとき、気になる子を理解してほしいという気持ちから肯定的に言いすぎると、被害者側の保護者には「先生はあの子ばかりかばう」と不満が募ることがあります。あくまでも中立的な立場を守るのを忘れないでください。

よくある
お悩み⑤

発達障害のある子の保護者から、次の保護者会で他の保護者に子どもの状態について話しておきたいと相談されました。どう対応すれば…。

対応の
ヒント

周到な準備が必要です。
よく話し合い、誤解のないように配慮を。

発達障害のある子の保護者がクラスの保護者などに対して、「わが子の発達障害のことを説明したい」と訴えてくることがあります。「障害で迷惑をかけるので、先に説明してみんなにわかってほしい」という気持ちは理解できます。しかし、保護者会などで、当の保護者から子どもの障害を伝えるのは慎重な対応が求められます。他の保護者の受け止め方は、必ずしも好意的なものばかりではないからです。

自分の子どもに「危ないからその子に近づかないで」と話す人もいますし、「障害を理由に、乱暴しても開き直るつもり？」と反発を覚える人も。障害を伝えることで、クラスの保護者も理解してくれ、みんなであたたかく見守る雰囲気ができたという“成功例”もある反面、その倍以上の“失敗例”もあります。どうしても伝えたいという場合、専門家を交えてタイミングや話し方を慎重に考えたうえで、保育者から話すようにしましょう。

よくあるお悩み❻

インターネットの情報をうのみにして、「うちの子、もしかして…」と自分の子について発達障害を疑う保護者がいます。心配しすぎのように思うのですが…。

対応のヒント

不安になりがちな保護者には、気持ちが軽くなる声かけを。

まず保育者から見て、子どもに発達障害を疑うような根拠がないときは、保護者が「もしかして」と不安になっている背景に目を向けてみてください。例えば夫や両親（子どもの祖父母）から「しつけがなっていない」と責められ、自分の育児に自信がもてないといったケースでは、保護者の気持ちの安定につながる声かけをしましょう。

次に、保護者が考えるように、保育者から見ても「発達障害かも」というときは、相談に行ける地域の専門機関を紹介するなど、できる範囲で情報提供をしましょう。ただし、保護者に「うちの子、発達障害でしょうか？」と質問されたときは、明言を避けて。うっかり「そういう可能性もある」といった返事をすると「保育者が発達障害と言った」という情報にすり替えられ、他の保護者にまで伝わることがあります。「（発達障害かどうかはわかりませんが）園ではこんな姿が見られます」と園での様子を具体的に伝えましょう。

酒井幸子（さかい・さちこ）

武蔵野短期大学幼児教育学科 客員教授／同附属保育園所長

聖徳大学大学院児童学研究科修了。東京都公立幼稚園教諭・教頭・園長、母子愛育会愛育幼稚園長、青山学院大学及び聖徳大学教職大学院兼任講師、武蔵野短期大学教授、同附属幼稚園長を経て現職。現在、一般社団法人保育教諭養成課程研究会理事、一般社団法人日本乳幼児教育・保育者養成学会理事。主な著書に『保育内容 人間関係 あなたならどうしますか？』『演習 保育内容総論 あなたならどうしますか？』（以上、萌文書林）、『発達が気になる子の「個別の指導計画」幼稚園・保育園で今日からできる』（学研）、『発達の気になる子への生活動作・運動・学習サポート実例集』共著（ナツメ社）他。

守 巧（もり・たくみ）

こども教育宝仙大学こども教育学部 教授

聖学院大学大学院人間福祉学研究科修士課程修了。東京都内で幼稚園教諭として10年間勤務する。特別支援教育士。狭山市就学支援委員会委員・狭山市巡回相談員。公益財団法人幼少年教育研究所「『気になる』子どもの保育研究部会」会長。主な著書に、『“気になる子”の気になる保護者 保育者にできるサポート』（チャイルド本社）『気になる子とともに育つクラス運営・保育のポイント』『マンガでわかる 気になる子の保育』『気になる子の保育「伝わる言葉」「伝わらない言葉」』（以上、中央法規出版）『子ども家庭支援論 保育の専門性を子育て家庭の支援に生かす』（萌文書林）など多数。

デザイン／谷 由紀恵
カバーイラスト／佐藤香苗
本文イラスト／秋野純子、浅羽ピピ、タカタカヲリ、とみたみはる
取材・文／小林洋子（有限会社遊文社）
本文DTP／有限会社ゼスト
本文校正／有限会社くすのき舎
編集協力／右田桂子（株式会社スリーシーズン）、齋藤のぞみ
編集／西岡育子

“気になる子”と育ち合う
インクルーシブな保育
多様性を認め合い、みんなが伸びるクラスづくり

2019年 2 月　初版第1刷発行
2024年 1 月　　　第6刷発行

著者　酒井幸子、守 巧
発行人　大橋 潤
編集人　竹久美紀
発行所　株式会社チャイルド本社
〒112-8512　東京都文京区小石川5-24-21
電話　03-3813-2141（営業）
03-3813-9445（編集）
振替　00100-4-38410
印刷・製本　図書印刷株式会社

ISBN 978-4-8054-0281-8
NDC376　24×19cm　144P